# 78歳ラリードライバー

ギネス・ホルダー
菅原義正の挑戦

菅原義正【著】

新紀元社

# はじめに

私がモータースポーツと出会ったのは、大学時代のことだった。まだ日本では鈴鹿サーキットが完成する前だっだ。以来、懸命に走り続けてきた。パリダカに出場するようになってからも36年の月日が経った。この間、常に挑戦の姿勢を忘れずに取り組んできた。

ダカールラリーへの出場は二〇一九年で区切りをつけ、二〇二〇年の年明けにはアフリカエコレースに出場する。皆さんが本書を読んでいる頃、私はアフリカで新たなステップを踏み出しているだろう。これまでは大きなトラックでの出場だったが、今度は四輪バギーでの出場である。すでに何度か海外でのテストを繰り返し、久々のアフリカでのラリーに手応えと期待を感じてワクワクしながら出発の準備を進めている真っ最中である。78歳になっても挑戦を続けられているのは幸せなことだと思う。

これまでに私を支えてくれた多くの方の感謝も忘れずに、これからも挑戦を続けていきたいと思っている。

現在、日本では高齢者世代の交通事故が増え、運転免許証の返上が相次いでいる。仕方がない面もあると思うが、一抹の寂しさが感じられてならない。歳をとっても好奇心を持って挑戦を続けていくことで、より新しい発見ができて、楽しく人生を歩むことができるだろう。本書を読んだ皆さんが、新しいことに挑戦する手がかりになれば幸いである。

（写真提供／日野自動車）

# 目次

# 1章　生い立ち

私の父はいろいろな職業を転々としてきた人で、炭鉱夫にはじまり市電の運転士、刑務官、警察官を務めてきた。私が物心ついた頃、父は警察官をしていて、日本は第二次世界大戦の真っ最中だった。私たち家族は北海道の八雲町の官舎に住んでいて、三歳か四歳だった私は、空襲警報が鳴ると地下にある防空壕へ入れさせられた。戸板の隙間から暗い夜空を覗くと、編隊飛行するB29が北のほうへ飛び去っていくのが見えた。とくに印象に残っているのはその音で、たくさんのB29がたてるブーンという大きな音は防空壕の中にも響いた。

戦争が終わると父は警察を辞め、石鹸を作って売るようになった。父がどこで石鹸の製法を覚えたのかはわからないが、苛性ソーダと魚油を買ってきては自宅の裏でそれらを鍋でぐつぐつと煮て、出来上がった石鹸を担いで行商していた。戦争が終わったばかりで物資は何もかもが不足していたときだけに、これが大当たりした。やがて一人の手作業では製造が追いつかなくなり、小樽に引っ越して石鹸工場を作った。岩手出身の父は地元から中学を卒業したばかりの少年たちを連れてきて働かせ、朝から晩まで機械を動かしていた。

小樽には日本海に面した港があり、古くから北前船で栄えてきただけあって札幌よりも賑やかな町だった。バイクやクルマはまだあまり見かけなかったが、オート三輪や小さなエンジンを取り付けた自転車が行き交っていた。運送の主役はまだまだ馬で、雪が積もって道が凍る冬になると馬が牽く荷車は橇に変わり、馬橇が町中を駆ける音が静かに響く、そんな町だった。

取引先に石鹸を配達するため、生家にもエンジンを取り付けた自転車があった。当時はポンポンと呼んでいて、工場の若い衆たちが走らせていた。まだ幼かった私はポンポンには乗れなかったから、普通の自転車に乗りはじめた。普通の自転車といっても、大人用の大きな商用自転車しかない。当時の子供がみんなそうだったように、大人用の自転車に〝三角乗り〟して、友達と遊びに行ったりそろばん塾へ乗っていったりしていた。三角乗りとは、身体が小さい子供が大人用自転車を走らせるための方法で、自転車のフレームが三角形になった部分から片足を通してペダルを漕ぐやり方だ。

小樽は坂が多い町で、工場の目の前もやはり急な坂道だった。九歳の頃だったろうか。私はその坂道を自転車で登ることを思いついた。標高差は五十メートルほどで、今見ればそれほど激しくはない坂道だが、同級生と比べると小柄だった幼い私にとって、まるで山のような坂道だった。

国道の一部しか舗装されていない時代だから、もちろんここも砂利道だし、傾斜がきついので真っ直ぐには登れない。どうするかというと、道幅をいっぱいに使ってジグザグと右に左に曲がりながら上がっていくのだ。かといって三角乗りだから、片方はくるりと旋回できるが、もう片方には曲がれない。つまり自転車の左側に身体を出して乗っていると、右には小さく曲がれるが、左はどうしても大回りになってしまう。すると坂道に対して真っ直ぐに登るはめになるから、そこでペダルを漕ぎきれずに止まってしまう。簡単にいうと左には曲がれないのだ。

しかし右にも左にも曲がって旋回しなければ坂道を登れない。そこで私が考えたのは、左に曲がるときは、右回りで円を描けばいいのだ。右回りで旋回しながら一度斜面を下り、くるりと旋回して方向転換できたら、坂道を斜めに登っていく方法だ。これなら右回りだけで坂道をジグザグに登っていけるのだ。

登っていく方法はわかったものの、自転車を漕ぎ続ける体力も足りなかったし、自転車をうまく旋回させることもむずかしかったから、なかなか頂上までたどり着けなかった。途中で息切れしたり足の力が尽きたり、曲がることに失敗することもあれば、旋回中にバランスを崩すこともあった。何度挑戦しても成功しなかった。

しかし私はあきらめなかった。

「必ず頂上まで自転車を漕いで登るんだ」と心に誓い、ひたすらに自転車を漕いだ。友達と遊ぶのにも忙しかったし、そろばん塾にも通っていたから毎日やっていたわけではないが、「自分の限界を超える挑戦」と位置づけてずっと続けた。半分まで登れるときもあれば、ずっと下で失敗してしまうこともあった。それでもだんだんと頂上に近づいていき、とうとう一度も足を地面につくことなく自転車を漕ぎ続けて頂上まで登ることができた。そのとき私は十一歳になっていたから、二年もやっていたことになる。

よくもまあ飽きずに続けたものだと思うが、これこそが私の原点なのだという思いのほうが強い。登りきったときの気持ちは覚えていないのだが、坂道の頂上から眺めた小樽湾の景色は忘れられない。今でも小樽を訪れ、その坂道の頂上へ行くと「ここが出発点だ」という思いを再認識させられる。それと同時に「困難なことにチャレンジしたい。頂上やゴールからしか見えない景色を見たい」という気持ちがわいてくるのだ。

この気持ちはその後のバイクでの富士山登頂、カラチからリスボンまでのキャラバン、パリ―ダカールラリーへの挑戦と継続、そして二〇二〇年から挑むアフリカ・エコ・レースに至るまで、ずっと私の自信となり、心の支えになっている、初めての挑戦と成功の体験だ。三つ子の魂百までというが、工場の前の坂道を二年かけて登った成功が私の原体験であり、現在進行形の好奇心でもある。

小樽の町を走っているオート三輪やポンポンは、エンジンがついた乗り物に興味を持つきっかけになった。しかしそれが本格化したのは、父が買ってきたダットサンの小さな乗用車だ。業務用ではなく、趣味のために買ったものだった。クルマやバイク好きが集まる『遠乗会』と称したクラブにも入っていた父は家族サービスをするようなタイプの男ではなかったが、それでも幼い私をスクーターの後ろやダットサン、その後に買ったスバル360やトヨタ・マスターの助手席に乗せてあちこちに連れていってくれた。

父はこのマスターを買ったときに普通自動車免許を取った。これがおもしろいもので、クルマそのものは札幌で購入したのだが、クルマに運転免許がついてくる——というとやや語弊があるが、クルマと運転免許合宿がセットになっているのだ。おそらくトヨタが関連する教習所があったのだろうが、父は名古屋まで出かけて運転免許を取ってきた。

当時の国産車はまだ完成度が低く、よく壊れたものだ。運転中にシフトレバーが外れることはしょっちゅうで、そのたび父は「もう一回挿せ」と言って私にシフトレバーを直させたものだ。ハンドルを操作する父の横で、外れたシフトレバーを戻していると私も一緒に運転している気分になれて楽しかった。

定山渓は今なら札幌から一時間半程度で行けるし、小樽からも真っ直ぐに行ける温泉地だが、当時は道路が未舗装だったし、小樽から向かうには札幌を経由し、石切山を通っていくルートが一般的だった。砂利道を走ると土煙がひどいから、父は目にはゴーグルをつけ、口には手拭いを巻いてクルマを走らせていた。父がクルマを運転する姿を見て「すごいな」と感心していたし、動く乗り物への興味は強くなっていったものの、まだ小学生だったからか、ふしぎと自分で運転したいという欲求はなかった。

身体を動かすことは好きだったし、スポーツは得意だった。小樽という土地柄、冬になると子供たちはみんなスキーをやっていて、もちろん私もスキーを楽しんでいた。スキースクールに通いはじめると、級を上げることに夢中になった。中学一年生のときには小樽スキー連盟の一級を取り、最年少記録を作ったこともある。

個人スポーツは好きだし得意だったが、団体スポーツはどちらかというと苦手だ。それでも世間並みに野球をやったこともあった。父は私がスポーツすることにはとても協力的で、まだ布製グローブが主流だったというのにきちんとした革のグローブを買ってくれた。しかしどうもうまくならない。飛んできたボールを受けられず、仲間から下手くそと罵られるのが嫌だった。

野球がうまくならないだけではなく、そろばん塾から帰る夜道に自転車を走らせていると、石を踏みつけてしまって転ぶことも多かった。

これは何かがおかしいと眼医者に行ってみたら、近眼ということがわかった。つまり野球のボールも夜道の石も近眼のせいで見えてなかったのだ。

それからまんまるい眼鏡をかけるようになったのだが、分厚いガラスの眼鏡だから重く、かけているうちにどうしても下がってくる。スキーをするときは眼鏡がずれないようゴムバンドで留めて、さらに眼鏡用のゴーグルをつけて滑っていたが、それでもやはり眼鏡が邪魔になる。昇級のテストではうまく滑れるのだが、回転競技の大会となるとうまくいかなかった。それもあってスキーは中学生で終わりにして、高校生になったときには登山部へ入部した。

スポーツだけではなく、切手収集や土器や化石の発掘も楽しかった。とくに発掘はおもしろく、小樽の手宮というところにある貝塚に入り浸って、土器の欠片を見つけることに熱中した。道路工事で掘削したところ洞窟が発見され、岩盤に刻まれた古代文字が発見されたことがニュースにもなっていたし、私は私で自転車にスコップとズタ袋を積んで貝塚へ出かけていた。スコップで地面を掘り起こすと、縄文式土器の欠片とか、黒曜石で作ったと思しき矢じりやナイフ、斧のようなものが出てくるのだ。それらを綿に包んで持ち帰って発掘場所や日付を記録して標本にする。標本を学校へ持っていくと「菅原君、すごいね」と先生が興味を持ってくれたのもうれしかったし、中学校を卒業するときには標本を学校へ寄贈した。

そうやって興味があるものを集めたり、それら整理して標本にするのも好きだ。子供の頃の写真はもちろん、大学生になってからはじめたレースやラリー、旅先でのチケットや雑誌の切り抜きなどを使ってアルバムを作るのも楽しい。そうしたアルバムは幼少の頃からのものも含めてすべて今も大事に保管している。

高校生になった頃、父がドロップハンドルの自転車を買ってくれた。自転車といえど昭和30年代前半は荷物を運ぶための商用自転車しかないような時代で、いわゆるランドナータイプのツーリング用自転車は珍しかった。おかげでずいぶんと行動範囲が広がった。母の親戚が住んでいる函館への道はまだ砂利道で苦労するから、道路が舗装されていた札幌方面へは、やはり自転車を持っていた友人と一緒によく出かけた。北海道は吹きさらしで風の抵抗が強くて、バスの後ろについて走るとペダルをラクに漕げた。しかし当時のバスの排ガスはひどくて、真っ黒い煙を浴びて顔を真っ黒にしながら自転車を走らせていた。

　自転車で山を登ることもおもしろくて熱中したものだった。

　私は高校の登山部に入っていたし、やはりスキーや登山が好きだった母と一緒に小樽市民体育大会の登山に参加していた。朝五時に出発して天狗山に登頂するのだが、昼には下山できてしまうくらいの山だ。つまり市民大会だから初心者向けの登山なのだが、体力があり余っている高校生の私にとって、それだけでは物足りない。みんなが下山して誰もいなくなると、今度は裏道から自転車で天狗山へ登って再び頂上まで行くのだ。裏道はさほど急峻でもなかったから自転車でもなんとか頂上まで登ることができるのだ。

　しかし下り道は、ドロップハンドルのスポーツ車で走れるような道ではなかったから、自転車を担いで下りていく。そんなふうに登山と自転車を組み合わせて楽しんでいた。

　今のマウンテンバイクなら乗ったまま下ってこられるかもしれないし、ヒルクライムやダウンヒルといった自転車の楽しみ方も普及しているが、当時は自転車で登山道を登ったり下りてきたりという遊び方はなかった。けれど私は、一見すると無理そうでも方法をしっかりと考えて作戦を立てれば実現できそうなものに挑むことが好きだったから、登山も自転車も区別はなかった。それがおもしろければいいのだ。

運転免許を取れる十六歳になると、私はすぐに免許を取った。自動車教習所はあったけれど、私は試験場での一発試験を受けて合格して、軽自動車、自動二輪、自動三輪、小型四輪、それから十八歳になると普通自動車免許を取った。友達の兄さんが野菜を仕入れにいく手伝いをするときに運転させてもらっていたから経験はあったから自信もあった。今と比べると緩やかな時代というか、少年でもバイクやオート三輪くらい運転できないと家業を手伝えないという実情があったから、警察も無免許運転をうるさく取り締まることはなかったのだ。

かといってずっと無免許でいるわけにもいかないし、試験場で運転免許を取ることは、私にとってやはり挑戦だった。だからバイクに乗れる自動二輪免許だけでなく、軽自動車やオート三輪、小型四輪と普通自動車の免許を取ったのだ。大型自動車にも挑戦したが、クルマがあまりに大きすぎて距離感をつかめず試験に落ちた。そのときは一回受けたきりだったが、後年に再度チャレンジして合格。今は大型自動車免許も持っている。

ちなみにオート三輪は免許こそ取ったものの、公道で走らせたことは一度もない。試験のときに走らせただけだ。二気筒くらいのエンジンが前に載っていて、バイクと同じかたちのハンドルで操作するのだが、これがけっこうめんどうなのだ。私が免許を取ってしばらくするとマツダがクルマと同じ丸いハンドルで運転できるオート三輪を発売した。それは普通免許で乗れるようになって、オート三輪という運転免許はなくなった。

バイクの免許を取ってからしばらくは、父が持っていたスクーターに乗っていた。戦後、中島飛行機から社名を富士産業に変えた会社（現在のＳＵＢＡＲＵ）が作っていたラビットという、二五〇ccのスクーターだ。スポーツ自転車を手に入れたことで私の行動範囲は大きく拡がっていたが、スクーターはそれをさらに拡大しただけでなく、エンジンのパワーを生かして走ることのおもしろさを教えてくれた。函館や芦別といった、小樽から百キロメートル以上離れた町までスクーターを砂利道で走らせた。

時は昭和三十三年（一九五八年）。私は十七歳だった。日本は戦後復興の真っ只中で、オートバイメーカーが一五〇以上もあったといわれる時代だ。荷物を運ぶ仕事グルマばかりだったオートバイだが、性能もグンと上がってスポーツとして走らせるためのオートバイが現れはじめていた。情報源としては『オートバイ』と『モーターサイクリスト』という月刊のバイク雑誌があり、たいていは本屋で立ち読みだったが、おもしろい記事が載っている号は買って帰って、家でじっくりと読み返した。

スクーターを乗り回していた私だったが、俄然スポーツバイクが欲しくなった。私が目をつけたのはホンダのベンリーCB92スーパースポーツという、本田宗一郎さんが考えた神社仏閣スタイルとよばれる角ばったデザインのオートバイだった。エンジンは一二五ccで、ヘッドライトやフロントフォークの外側が四角くデザインされていて斬新だった。ヨーロッパメーカーの模倣が多かった時代に、日本独自のかたちを生み出したことに感銘を受けたし、燃料タンクがレーシーで前傾姿勢で乗るところにも惹かれた。

「このバイクが欲しい」と父に伝えると、父もクルマやバイクが好きだったから「いいよ」と二つ返事で買ってくれることになった。ところが、これにはちょっとしたおもしろいエピソードがある。

札幌のディーラーが小樽まで自走で運んでくる途中でなんと交通事故を起こしてしまい、ぐちゃぐちゃになってしまったのだ。代わりのオートバイといっても、CB92は北海道にはその一台しか入荷していないという。そこで父は「こっちにしなさい」と、同じホンダのドリームCS71を買ってくれた。CS71はエンジンが二五〇ccの空冷二気筒で、セルモーターや二人乗りのタンデムシートがついた、ホンダとして初めてのスポーツバイクだった。

バイクがやってくると、実車から寸法を測って縮尺した模型も作った。セルロイドの下敷きから部品を切り出してエンジンを作り、フェンダーなどの外装パーツには厚紙や木材を使い、荷札から取り外した針金で荷台を作った。アップマフラーを作るのが難しくて未完成のままだが、この模型はいまでもちゃんと保管してある。

やはりスクーターよりもスポーツバイクはおもしろかった。変速機を操作してスピードを上げていくのも楽しかったし、スピードも速かった。二人乗りしてもスクーターより安定していたし、遠乗りがめっぽう楽しかったから、自転車からスクーターで拡がった行動範囲がさらに大きくなった。

父が買ってくれたバイクだし、努力を重ねて石鹸工場を経営している父の手伝いをしたいという気持ちもあったから、遊びだけでなくたまには仕事もしていた。そもそも父が私にバイクを買ってくれた理由のひとつが仕事の手伝いに役立つと考えたからでもあった。

ファクシミリもない時代だから、取引先との連絡は電話か手紙だ。父は東京の取引先との連絡に手紙を使っていた。日中の工場業務が終わった後に手紙を書くから、投函できるのは夜中になってしまう。そこで父が私に手紙を出してこい、と言いつけるのだ。町の郵便局はすでに時間外だから、バイクを走らせて本局へ行かなければならない。

それ自体は楽しいのだが、眠っている当直の局員を起こして消印を押してもらうのは心苦しかった。いくら速達とはいっても、何も夜中ではなく翌朝に出せばいいのだが、今できることは今やる、明日に持ち越さないというのが父のやり方だった。父から教わったことや学んだことは数知れないが、今できることを今やっておくという姿勢は、その後の私の人生をおおいに助けてくれた。

これは最近の話だが、私がある朝出社すると、社員の机に「誰々さんに手紙を出すこと」と書いたメモが貼ってある。しかし机の上にはその手紙が置きっぱなしになっている。すぐに投函しようが翌日に投函しようが手間はたいして変わらないのだから早く済ませたほうがいい、と私は考える。こういうところが伸びる人と伸びない人の違いかもしれないとも思うが、そういう姿勢は今の若い人たちにはあまり通じないのかもしれない。

私の長男の義治が大学を卒業して社会人になるときにこんなことを尋ねてきた。

「お父さん、仕事をしていくうえで何に気をつければいいですか」

そこで私はこう答えた。

「仕事を先送りにしないで、そのときにできることはそのときに片づけなさい」

もちろん仕事をしていくうえで大切なことは他にもたくさんあるし、それだけ守っていればいいというわけではない。しかし義治はＧＫダイナミックスという、ヤマハ発動機の製品をはじめとする工業製品デザインの会社の代表になったのだから、私が父に学び、そして息子に伝えたことは間違っていなかったと確信している。

そもそも人生というのは明日に何が起こるかわからないのだ。明日やろう、いつかやろうなんて思っていても、翌日に死んでしまうことだってある。私の人生を振り返ってもそういうことは多々あったし、前もってやっていたからこそ切り抜けられたこともたくさんあった。次の日に何が起こるかわからない、ということを前提に生きていかないと、自立した人間にはなれないのではないかとすら思えるのだ。

私が通っていた高校は進学校で、それゆえに北海道のいろんな町から越境している同級生がいた。とくに私がいたクラスは進学クラスだったから、小樽以外の出身者が多かった。その中に実家が芦別で百貨店を経営しているバイク仲間がいて、その百貨店までバイクを走らせていってヘルメットを買った。今となってはヘルメットを何個買ったのかわからないほどだが、それが初めて買ったヘルメットだ。当時はヘルメットの着用義務はなく、たいていの人はノーヘルで走っていたが、ほとんどが砂利道でバイクは滑りやすかったし、転ぶことも多かった。だからやはりスクーターよりも速いスポーツバイクを走らせるとなるとヘルメットが必要だと思ったからだ。

ただ、今になってみるとこんなことも思う。当時の道路はほとんどが未舗装路だったもののの、クルマやバイクは基本的にオンロード用だった。しかしそれからどんどん舗装が進んだときにパジェロのような四輪駆動でオフロード用のクルマが流行った。あの時代にオフロード用のクルマやバイクがあったらどんなによかったことか。

しかしモンゴルへ行くと、砂利道はもちろん川を渡ることも多い草原や砂漠の国の人たちが乗っているのは、四輪駆動車ではなく普通の乗用車なのだ。きっとモンゴルの人々は舗装路を夢見ているのだろうし、生活の道具にしかならない四輪駆動車よりも、憧れのクルマを欲っするのだろう。人間という生き物はないものねだりなのだなとつくづく思わされるのだ。

高校生の頃、バイクに乗っていた仲間は数人いて、連れ立って遠乗りに出かけたりもしていたが、そう長くは続かなかった。なぜなら、五人いたバイク仲間のうち二人が事故で死んでしまったのだ。一人は正面衝突、一人はカーブを曲がり切れずに川へ転落する事故だった。すると危険を感じた父に「バイクをやめなさい。それでもやめられないなら公道で乱暴な走り方をせず、山の中で走りなさい」と言われた。私はその時代にはめずらしく一人っ子だったし、クルマやバイクを好きな父の気持ちもわかった。空気抵抗を減らすため、バイクの上で身体をスーパーマンのように水平にして走らせるといった危険な乗り方も横行していたし、ブレーキもタイヤの性能も今のように優れていない。道路は未舗装で荒れているのにエンジンをぎりぎりまで回して飛ばしていた。父の言うことには納得できたから、私は素直に従うことにした。

とはいってもやはりバイクに乗りたい気持ちは抑えられなかった。かといって父の言いつけを無視するわけにもいかないから、スピードを出さずにゆっくりと走っていた。でもやはり物足りない。そこで私が思いついたのは、公道でスピードを出すから危ないのであって、専用コースを走るのなら大丈夫ということだった。とくにぐるぐるとカーブの多いオフロードコースなら、スピードもそれほど出ないから安全だ。

思い立ったらすぐ行動に移す私は、仲間と連れ立って小樽商科大学のグラウンドにスコップを持って入った。グラウンドといってもラグビーやサッカー場があるわけでもなく空き地みたいなものだったから、平らなところを掘り起こしたり、立木のわきの地面を削ったりして、バイクが走れるオフロードコースを作ったのだ。

戦前は東京に多摩川スピードウェイというサーキットがあったそうだが、わずか二、三年で閉鎖されていたから、当時の日本にレース用サーキットという施設はどこにもなかった。自動車レースは一般公道で開催されていた時代だ。富士登山レースや浅間火山レースなど、一般公道以外のエリアを使うレースも行われはじめていたが、それでも閉鎖されたレース専用コースでの開催ではなかった。

もっともオフロードならどこの空き地で走っても誰にも文句を言われなかったから、日本のあちこちで私たちのようにコースを作ってバイクを走らせる人たちがいたことだろう。私たちも大学の許可を取ってからコースを作ったわけではなく、勝手に忍び込んで地面を掘り返してバイクを走らせていたのだから、現在ではちょっと考えられない話だ。グラウンドは校舎から二、三キロメートルほど離れていたし、学生たちが来るわけでもなかったから、高校を卒業して上京するまでの間、まったくバレることも誰からも文句を言われることもなくモトクロスを楽しめたのだった。

改造する金もなかったし、オフロード専用タイヤもなかったから、ＣＳ71はノーマルのままだった。ジャンプスポットも作ってＣＳ71で飛び跳ねていたが、着地のときはガチャーンとものすごい音がしたものだ。よくぞあんな重いバイクでそんなことをしたものだと思うが、スポーツという観点でエンジン付きの乗り物を走らせたのはこれが原点だ。

いっぽうでクルマにも高校生の頃から乗っていた。普通自動車免許を取れるのは十八歳以上だったから、それまでは軽自動車免許で乗れるスバル３６０を乗り回していた。スバルは四人乗りではあるのだがドアは二枚しかないから乗り降りしにくいし、後部座席はやはり狭い。だから普通免許を取ってからは、友達や女の子を誘って出かけるときはマスターに乗って、余市へ海水浴に行ったり夜の海辺や山道をドライブしていた。マスターは自宅から少し離れた場所にあるガレージに保管していたから、父には内緒で勝手に出して乗っていた。

それだけでなく、高校へもクルマやバイクで通っていた。学校は坂道の上にあったから、行きがけに坂道を歩いている先生を見かけると「せんせーい、乗っていかない？」と声をかけて相乗りしていったし、クルマでもバイクでもそのまま校庭に駐車していてもまったく何も言われなかった。

モトクロスコースにしてもクルマ通学にしても、私に悪気はまったくなかったし、周囲も同じだったが、これにしても今ではまったくありえないことで、時代は大きく変わったのだと思わせられる。

高校を卒業するまで小樽で過ごした私の少年時代は、自転車、登山、スキー、クルマとバイクというアウトドアスポーツ、そして切手や土器や化石を集めるインドアホビーに明け暮れた。私は一人っ子で兄弟がいなかったし、父も母も石鹸工場を稼働させるのに忙しかったから、私にとってはそうした一人遊びの趣味や乗り物が兄弟のようなものだった。

クルマやバイクを好きになったのは父の影響であることはまちがいない。とてもしっかりと仕事をする努力家でもあり、その姿を小さい頃からずっと見てきたから、なんでも一所懸命に、真面目にやることが当たり前だと思ってきた。

ラリーはどれだけしっかりと準備できるかが重要で、スタートラインに立ったときすでにラリーは終わっている、と私は考えている。走ることはエピローグみたいなもので、スタートラインに並んでから頑張ってもダメなのだ。そう考え、実践してきたからこそダカールラリーに三十六回連続で出場できた。その素地を作ってくれたのは、まちがいなく父である。

自転車での坂道登頂。スキーの昇級。登山と自転車。できるだけ多くの運転免許を取ること。すべての挑戦が簡単にできたわけではないし、成功させるためにはどうすればいいか、必要なものは何かを考え、実践してきたからこそ達成できた。もちろんその過程も楽しかったし、成功体験があったからこそ次のチャレンジに挑めたのだと思う。

登山が好きだった私は高校の卒業アルバムに富士山の絵を描き、そこへ富士山の山肌を登っていくオートバイを付け加えた。富士山もオートバイもどちらも好きだったから絵にしたのだが、それが後々の「富士山頂までオートバイで登る」というチャレンジになるとは、このときは微塵も思っていなかったのだった。


小学校しか出ていない父は、私を小樽商大へ進学させようとしていた。進学校の高校を選んだのものそのためで、私が通っていた小樽緑陵高校（現在の小樽商業高等学校）には、小樽商大を受験するためのクラスがあり、私はそこに在籍していたのだ。

このクラスに在籍していると、数学の代わりに簿記で小樽商大を受験できるという特権があった。数学で百点を取るのはとてもむずかしかったが、簿記なら百点を取ることも十分にできるのだ。

しかし登山に夢中になったりクルマやオートバイを走らせてばかりいた私はほとんど勉強をしていなかったから、小樽商大に合格するとは思えず、受験をしなかった。

すると父が言い出したのが拓殖大学だった。なぜ拓大なのかは、もちろん理由がある。朝里川温泉に吉葉荘という旅館があった。吉葉荘は元横綱の吉葉山が経営していた旅館で、なんと敷地内に土俵を持っていた。土俵がある旅館などそうそうない。そんな吉葉荘を夏の合宿所として利用していたのが拓大相撲部なのだ。小樽在住の有志がタニマチとなって拓大相撲部の学生たちを呼び、吉葉荘は彼らを無料で宿泊させていたのである。

小樽と拓大はそういう浅からぬ関係があり、工場の近所でガソリンスタンドを営んでいた拓大相撲部ＯＢを父が尊敬していたことから、私に拓大を薦めたのだ。

そういうことならと私は拓殖大学への進学を決め、無事試験に合格した。しかし相撲部はごめんだ。身体が大きな学生しかいない相撲部に、小柄な私が入ったところで何もできやしないし、やられるばかりだ。とんでもない。

私は迷うことなく自動車部を訪れ、「入りまーす！」とあいさつして部員となった。

自動車部とはいってもクルマを所有している部員はほとんどいなかったから、自動車部が所有する部車がなければ成り立たなかった。そういう事情だったが、拓大の部車にはルノー4ＣＶが一台あった。これは日野自動車が、自動車部を持つ大学の中でもとくに力をかけている大学に寄贈したものだった。

入部してすぐ部室へ行ったら「五千円ちょうだい」と先輩が言う。何のための集金なのかと尋ねてみると、東京都からボンネットバスを買ってくる、というのだ。

タケウチというその先輩は、その後で本当にボンネットバスを買ってきたのだが、大型自動車免許はタケウチ先輩しか所持していなかった。そのボンネットバスをどうしたかというと、もう一台のルノー4CVと連れ立ち、希望者を募っての西日本一周旅行をするためだったのだ。私たちはバスの中に畳を敷き、寝袋にくるまって寝泊まりしながら、三週間ほどかけて旅をした。

まだ東名高速すらない時代だから国道一号で箱根を越え、ずっとひたすら西へ走った。淡路島からフェリーで四国へ渡って大歩危小歩危にも行ったし、ときには先輩の実家にも泊まった。長崎では初めてちゃんぽんを食べ、こんなラーメンがあるのかとカルチャーショックを受けた。北海道出身の私にとってラーメンといえば味噌ラーメンで、白いスープでしかも野菜がたくさん載ったラーメンは見たことも食べたこともなかったからだ。

土地土地を移動していくたびに方言が変わり、話す言葉が違っていくのもおもしろかった。北海道では小樽から函館、札幌、芦別、留萌などへ出かけたものだが、食べ物や言葉は同じだった。北海道以外の土地では、走る距離は北海道とそう変わらないのに食べ物や言葉が変わっていく。その違いも初めて味わう経験だった。

北海道は明治になってから開拓が進んだ土地だから、とくに古い寺社がない。しかし本州や四国、九州には何百年もの歴史を持つ立派な寺社がそこかしこにある。

自動車旅のおもしろさ、ひいては国をまたいで走っていくクロスカントリーラリーのおもしろさに目覚めたのは、この西日本一周旅行がきっかけだった。

タケウチ先輩は大型免許こそ持っていたものの運転するのはこのときが初めてだったそうだ。出発の時は学校の前の狭い道でバスをぶつけそうになっていたほどだったが、帰ってくる頃にはすっかり上手になり、ボンネットバスをすいすいと走らせていた。

私のように四種類も運転免許を持っている部員はいなかったし、実際に公道を走ったこともない部員も大勢いたのだが、なぜか私はそういう先輩から「運転が下手だ」と怒られるのだから、一年生の頃はたまったものではなかった。

自動車部での主な活動は「フィギュア」「整備」「ラリー」の三つで、夏になると山中湖へ行って合宿をした。フィギュアの練習に加えて、基礎体力づくりとして湖畔をランニングをしたりと、体育会系クラブらしいこともしていた。

フィギュアというのは運転技術の正確性を競うものだ。大会では教習所の施設を使い、オイル缶を並べてコース幅を狭くしたりカーブを作ったりして、難度の高いコースをいかに正確に走り抜けるか、オイル缶を倒さずに走れるかを競うものだった。クルマも普通車だけでなく小型もあれば大型トラックもあり、全大学の自動車部が集まって腕を競った。ジムカーナに似ているが、速さは重視されていなかったからタイヤをギャーと鳴らしながら走るようなことはない。これは現在でも大学の自動車部を中心に行われていて、学生選手権も開催されている。

整備はもちろん自動車の修理である。トヨタの整備学校がある名古屋で行われる全国大会では、同じ箇所をわざと壊したエンジンとシャシーが数組あり、各大学チームが修理技術と正確さ、時間の速さを競う。整備大会では私がキャプテンを務めていたときに準優勝したことがある。私は拓大に自動車部が設立されてから十年目という節目のキャプテンだったから、なんとしてでもがんばろうと一所懸命に運転や整備の技術向上に努めた。その甲斐あって、私が四年生のときには拓大の最優秀クラブにも選ばれた。

愉快だったのは、私のアイデアで実施した、運転免許試験のコーチだ。自動車部に入れば運転免許を取れると呼び込むと、新入部員が二百人ほど集まった。学校の校庭に教習所のようなコースを作り、そこで試験合格のための練習とアドバイスをするわけだ。新入部員からは入部金として一人五百円か千円を徴収するのだが、これが自動車部の活動費として大きな予算となるのだ。新入部員のほとんどは運転免許を取れると辞めてしまい、最終的には十五人くらいしか残らないのだが、それでいいのだ。なぜなら部費を集めることが目的だったからだ。おかげでかなりまとまった金額を集めることができて、自動車部の活動もずいぶんと楽になった。

フィギュアと整備は学生自動車連盟が主催していたが、残るラリーは有志の大学が集まって持ち回りで開催していた。当番学校になるとラリーには出場せず、計測や運営に徹する。早稲田大学が創立八十周年のときは早大が運営を務め、我々はクルマに「祝80周年」と書いて出場したことを覚えている。

私たちがやっていたのは計算ラリーというラリーで、現在は第一種アベレージラリーと呼ばれている。スペシャルステージ（ＳＳ）での速さを競うものではなく、指定区間を指定された速度で走り、所要時間の正確さを競うものだ。ラリーコンピューターなどない時代だから、積算距離や残距離、走行時間などはナビゲーターが計算するのだが、最初は水で濡らしたそろばんを使っていた。なぜそろばんを水で濡らすのかというと、珠の動きを渋くするためで、揺れるクルマの中でもご破算にならないための工夫なのだ。

やがてパイロット製の手回し式計算機が売られるようになってからは、ガチャガチャと回して距離を計算するようになった。

スタート前に渡されるロードブックで指示された道のりや走行速度を守りながら走るのだが、タイヤの摩耗や路面状況によってどうしても誤差が生まれるから、走行中は常に自分たちのクルマの距離と速度を厳密に把握してなくてはならない。そのためまず走行速度を時速から分速に変換して、一分で走れる距離を計算してロードブックと照合し、正確に走れているかを確認するわけだ。

そうした主観的な判断に加え、客観的な視座も作ることでより正確にクルマを走らせる工夫をしていた。計算から弾き出した理想の走行イメージを赤い光の点として頭上に置き、それを追いかけて走っていたのだ。赤い光の点が先に行ってしまうならクルマが遅れている。逆に赤い光の点が見えなければクルマが速すぎるわけだ。

こうしたやり方は自動車部の先輩から受け継いだものもあれば、私たちで考えて工夫したものもあって、いろいろな方法を試しながら最適なやり方を見つけていったのである。

たとえば東京がスタートで水戸がゴールというラリーの場合、一般公道で行うのだから当然、道交法はすべて遵守しなければならない。信号はもちろん制限速度も一時停止もしっかりと守りながら走っていく。

ただし橋の途中など、どこかの地点で走行速度を変えろという指示があり、それに合わせて再計算しながらまた走っていく。すると何カ所かに設けられているチェックポイントで、係員に通過時間を確認される。そこで我々の計算が合っていたか、正しく走れていたかがわかるわけだ。それを繰り返していってゴールしたときに最も時間のズレがないチームが勝つのだ。

大学対抗のラリーで物を言うのは部車の違いだった。拓大自動車部の部車はハイヤー上がりの使い古されたボロボロのシボレーで、ショックアブソーバーは利いてなかったから乗り心地は最悪だった。後部座席に同乗する部員はクルマ酔いしてゲエゲエと嘔吐するほどひどいクルマだったのである。

それに比べて慶応あたりになると、ＯＢが新車を寄付してくれるものだから断然にクルマがいい。そんなふうに歴然とした格差があったが、私は拓大自動車部がそうした大学と勝負できるよういろいろ工夫をして、勝てる努力をしていた。

ひとつはラリーに出場する部員の制限の撤廃だ。それまでは年功序列の特権で、四年生がラリーに出場するしきたりがあった。しかしそれだと勝つための経験を積めない。だから私はそれはおかしいと先輩たちに提言して、一年生でもラリーに出場できるようにした。経験がないのだから、もちろんミスはする。一年生をナビゲーターに起用したときには道を間違えたり、目標物の銀行を見つけられずに夜まで走り続けたこともあった。そのせいで先輩に怒られたが、彼はそうした経験を積むことでしっかりとしたラリーストに成長していったのだから、私の考え方は間違ってなかった。

大学生の頃からラリー競技に出場していたし、たしかにおもしろいと思ってはいたのだが、そのときはこの先もラリーを続けていこうと思えるほど夢中になっていたわけではなかった。ただこの頃から私はナビゲーターよりもドライバーが性に合っていた。

自動車部は一年生から四年生までどっぷりと浸かっていて、入学したのは政経学部だったが、「拓殖大学 自動車部卒業」と思えるほど、教室ではなく部室に通っていた。クルマが恋人といってもいいほどクルマが好きだったし、恋愛するヒマなんてどこにもなかった。

恋愛といえば、高校生の頃から「バイクの後ろに乗せて」と言ってくる女の子はいたのだが、「嫌だ」とすべて断っていた。なぜなら女を乗せると汚れるというふうに、相撲の土俵と同じくクルマもバイクも女人禁制だと思い込んでいたのだから、今思えばそんな古臭いことを考えず素直に乗せればよかったと思うし、本当におかしな話である。

それは大学生になってからもそう変わらず、男友達の他に仲のいい女の子を乗せてドライブに行くくらいのことはするようになったが、クルマやバイクをデートに使う機会はないままだった。クルマもバイクも、私にとってはモータースポーツの道具であり、恋愛のための道具ではなかったということなのだろう。

そんなふうにしてクルマと付き合っていた私は、自動車部創立十年目のキャプテンを務めた。そして、いろいろな大会で活躍した体育会系クラブということで学校から表彰され、そのおかげで卒業できたようなものなのだ。

自動車部の活動以外でも、私はクルマと切り離せない生活を送っていた。大学時代は中古のルノーに乗っていて、小樽へ帰省するにもルノーを走らせた。高速道路はないし、国道四号も未舗装路ばかりだったから、東京から小樽までの道のりはまさしく旅だった。

金を節約したいから旅館には泊まれない。車中泊である。野営地を決めたら、ルノーの座席を全部取り外して屋根に載せる。ボコボコしている床をならすために新聞紙を敷き詰めたら、そこへ寝袋にくるまって眠る。朝になったら、座席を取り付けて走り出す。北海道へ渡るには船を使わなければならないが、青函連絡船は高かったから漁船がアルバイトとしてやっていた渡し船を使った。そうして函館から国道五号を走って小樽へ向かう。東京と小樽は本当に遠かったし、長い旅だった。そのぶん、旅の醍醐味や達成感というものは大きく、深かった。今、クルマで東京から小樽まで移動しても、あの頃と同じような体験はできないだろうし、湧き上がる感情も心に残るものもまったく違うだろう。

もうひとつ、大学生の私をクルマ漬けにしたのが、旧皇族での書生生活だ。

拓殖大学に入る前、父から「医者になれ」と言われたことがあった。しかし血を見るのが大嫌いな私はそれに応えなかった。かといって一人っ子だった私に、父は家業の石鹸工場を継げとも言わなかったし、私も継ぐ気はなかった。すると父は「好きなことをやりなさい」と言った。それで私はとりあえず政経学部に入学した。

そのときから私は「卒業したら社長になろう」と考えていた。どんな業種でどんな仕事をやるかは決めていなかったが、とにかく人に仕えるのではなく、一国一城の主になろうと思っていた。

海外と取引するには必要だし、社交界では外国語のひとつでも話せないとコミュニケーションできないと思った私は、恵比寿で外国人がやっている個人の英会話スクールに通いはじめた。

もうひとつ並行していたのが社交ダンスだ。映画で見た知識で漠然と感じていただけだったのだが、社長たるもの社交ダンスのひとつでもできなければ社交界で通用しないと思っていたからだ。

しかしどちらもしばらくして通わなくなった。なぜなら宮家での書生生活がはじまったからだ。

拓殖大学は皇族と浅からぬ縁があり、「恩賜記念講堂」といって明治天皇から御下賜された恩賜金で建設した講堂が学内にあるほどである。そうしたことから旧皇族の竹田家が拓大を通じて書生を募集しており、代々それは自動車部の部員から選ばれることになっていた。なぜ自動車部から選出されるかというと、クルマの運転が仕事の大部分を占めていて、ジャガーのマークⅨやボルボなど車格が大きな外国車を運転するからだ。

そんなクルマを運転できることにも興味があったし、若い頃の苦労は買ってでもしろといわれていた時代だから、私は「よし、やってみよう」と思い、書生になるための試験を受けて合格したのである。そうして私は高輪プリンスホテルの敷地内にある竹田家に居候することになり、英会話と社交ダンスをやめてしまった。

私が竹田家に書生で入ったときの当主は竹田恒和で、一九六四年の東京オリンピックを招致した一人だ。その三男の竹田恒和は二〇二〇年東京オリンピックの招致に関わったのだから、親子二代で東京にオリンピックを呼んだわけだ。恒和は当時、慶應義塾幼稚舎に通う小学生だった。

竹田家に仕える私たちは当主を殿下、奥方を君様と呼び、子供たちにはすべて様をつけて名を呼んでいた。

居候とはいえ、書生暮らしは楽なものではなかった。毎朝五時に起床すると、家中の雨戸をすべて開けて回る。なにせ旧皇族の邸宅だから雨戸といっても百三十枚くらいあるのだ。

雨戸を開け終えたら掃除である。殿下たちが朝食をとっている間に六つあるすべての部屋と廊下を掃き、雑巾がけだ。赤い絨毯が敷いてあるところは掃除機を使ったが、今のように性能がよくないから、掃除機をかけた後は手でゴミを拾わなければならなかった。

私の他に男手は一人いたが、通いの執事だったし、五人いた女中はその時間は朝食の仕度だったから、私が一人でやらなければならなかった。

掃除が終わったら三台あったクルマ、ジャガー、ボルボ、クラウンの洗車だ。とにかく掃除と洗車を徹底的に、それこそどこでも舌で舐められるくらいきれいにするのだ。それが文字どおり〝朝飯前〟の仕事で、掃除が終わったらようやく朝食だ。

竹田家に仕えている私たちは、彼らお上が食事を終えてからようやく食事になる。料理はお上の分だけでなく私たちお次の分もいっぺんに作るし、小皿に取り分けて一人ひとりに出すのではなく、大皿からそれぞれが取り分けるスタイルだった。だからお上が食事を終えないことには、お次はおまんまにありつけないわけだ。

掃除と洗車、朝食が済んだら宮様の送迎だ。学校があるときはもちろん拓大へ行って勉強、というよりは自動車部の部活動に励むのだが、学校に行かなくていい日は書生として宮家の人々を都内のあちらこちらへ送り届けるのだ。

たとえば殿下は後楽園の会長も務めていたから、殿下をクルマに乗せて後楽園に行く。そこでクルマを停めておき、後楽園から地下鉄丸ノ内線で一駅隣の茗荷谷まで移動して大学へ行き、学校が終わったらまた後楽園に戻って殿下を乗せ、高輪へ帰る。

殿下の事務所があった迎賓館にもよく行ったし、皇居の中へもよく送迎に行った。二人の娘はワシントンハイツに駐在していた米軍将校たちに英語を習うため泊まり込むこともあって、そこから聖心女学院に通ったりもしていて、その送迎も私が務めていた。

宮様たちを送った後でそのまま学校へ行くこともあった。ジャガーやボルボのようなクルマで校庭に入っていくと、みんなびっくりしてざわめくのがちょっぴり愉快だった。

高輪から学校へ行くときはほとんど電車だったが、山手線に乗るとつい寝過ごしてぐるぐると回ってしまい、気がつくと知らない駅ということもよくあった。毎日五時に起床していたし、やることが多くてスケジュールが詰まっていたし、運転しなくていい電車に乗ると緊張がほぐれて眠ってしまっていたのだろう。

社交ダンスを習おうと思った動機のひとつは社交界のことを知りたいというものだったが、竹田家に仕えているとそれ以上の見識が身についた。皇居も迎賓館もワシントンハイツも、一般人が内部へ入って様子を見ることなどできない場所である。

高輪の邸には画家の東郷青児をはじめとして、あの時代に活躍した著名人が多くが出入りしていて、取り次ぐまでの間の話し相手もしていた。私は書生だったからどこへ行くにも詰襟の学生服ひとつで出入りできたし、行儀見習として社交界のことや振る舞い方も覚えることができたから、実に貴重な経験を積ませてもらったと思っている。

貴重な体験といえば、運転していたクルマもそうだ。今でこそ外国車はまったくめずらしくないが、当時はジャガー・マークⅨとボルボ・P120といった外国車を運転できる機会などそうそうない。ボルボは当時日本に五台しか輸入されなかった貴重なクルマで、そのうちの一台を殿下が競売で落札して所有していたものだった。

当時は三越や伊勢丹といった一流デパートが外車を取り扱っていて、宮様が所有していたジャガーは伊勢丹で購入したものだった。当時のメモによれば価格は四百五十万円で、現在の貨幣価値にすると六千万円くらいだろうか。車両のスペックは二五〇馬力、最高速度二四〇キロメートルとなっているから、数字だけなら今のクルマと比べても遜色はない。当時のレベルでは超高性能車といえるだろう。

ジャガーはまるで船みたいに大きなクルマだったし、お世辞にも運転しやすいクルマではなかった。車格が大きければ運転席も大きく、私の足ではクラッチペダルを奥まで踏み込めない。そこで木の板材をクラッチペダルに針金で縛りつけて嵩増ししてクラッチを操作していた。

トランスミッションは何速あったか記憶が定かではないが、バックギヤと一速が近い位置にあったうえに、シフトレバーが短いために操作ミスしやすくて困ったものだった。宮様を乗せて品川駅を出ようと一速に入れたつもりがバックに入っていて後ろに下がったりして焦ったこともあった。クルマが少ないから事故にはならなかったが、今のように交通量が多かったらどうなっていたことか、まったく冷や汗ものである。

だいたいからして、ジャガーの運転席に座ると視界のほとんどをボンネットが占拠していてろくに前方が見えない。三五〇〇cc以上もある大きなエンジンを積んでいるからどうしてもボンネットが大きく長くなるのは仕方がないのだが、小柄な私には運転しにくいクルマだった。

それでもハンドルのチルト機構は装備されていたし、ハンドルやダッシュボードもくるみの木材で作られていて高級感にあふれていた。燃料タンクは左右分割式で二つあった。おそらくは銃撃されたり転倒した際にダメージを軽減するための造りなのだろう。燃料計はひとつだけだったが、レバー操作で右と左で燃料計を切り替えられた。そうした設計思想や造り込みの丁寧さにも国産車との違いを感じた。

たとえばトヨタのクラウンを洗車していて、タイヤなどの足周りを洗っているとスパッと手を切ってしまうことがある。ボディ端のバリの処理が甘く、鉄板が鋭利なままだったりするからだ。とくに冬の寒い時期に水洗いしていると手指がふやけてかじかんでいるから、深い傷になってしまう。ところがジャガーやボルボになるとそんなことはいっさいなかった。

宮家の書生は給金があったが月に三千円ほどでこづかいにしかならなかった。たばこのハイライトが七十円だった時代だ。

また、住み込みといっても自分専用の部屋があるわけではなく、事務所に寝泊まりしていた。接客用に置いてあるイス兼ベッドが寝床だった。その横には通用口があって、夜中に帰宅したお子様たちをこっそり通すとなんてこともしていた。

だからというわけではないが、四年生になるときに書生をやめることにした。君様はそんなふうに書生の住環境が悪いからやめると考えたようで、我々の部屋に風呂を作ってくれたりして、私の跡を継いだ後輩たちは個室で寝泊まりしていたようである。

しかし私は風呂が欲しいとか自分の部屋が欲しいというわけではなかった。二年間で書生生活に区切りをつけて、残り一年の大学生活でさらに新しいことを経験したいと思ったからやめたのだ。

仕えていた殿下は明治天皇の孫で、大正天皇の甥にあたる人物だからとても立派な人だったし、殿下の所作振る舞いを間近に見て学ぶことは多かった。書生をやめるときに「よくやってくれた」と明治天皇からの贈り物の三つ揃えの背広を記念にいただいたことがとてもうれしかったし、その背広は仕立て直して、今でも大切に持っている。

# 2章　モータースポーツとの出会い

大学に入った頃に「社長になる」とだけ決めていた卒業後の進路は、会社を起業することで現実になった。父はすでに石鹸工場を辞めて質屋に転業していた。大手の化学会社が品質のいい石鹸を大きな販売網で売るようになり、地方の小さな工場では太刀打ちできなくなってきたからだった。かといって質屋を継ぐ考えもなかったし、それは父も望んでいなかった。

大企業に入って社長を目指すことも考えていたが、それよりも自分で会社を起こして大きくしていくほうに魅力を感じたのだ。

もちろん闇雲に会社だけ起こしたのではない。私が選んだのは「協立通商」と名づけた金融業だった。今なら『会社の作り方』についての書籍もたくさん出版されているし、インターネットで検索すればいくらでもハウツーが出てくるだろうが、当時はそんな便利なものはない。法務省に何度も通い詰めて、株主のところへも足を運んで印鑑をもらい、カーボン紙をはさんだ法人登記の書類に鉄筆で何度も必要事項を書き入れた。一字間違ってもやり直しだったから、何枚も書いた覚えがある。

金融会社の経営者はほとんどが年配だったし、私のような大学を卒業したばかりの若者はいなかった。それもあったのか、なかなか登記が受理されなかったが、そんなことであきらめていては、その先でやりたいこともできないから、私は粘り強く法務省に出向いて登記を申請し、ようやく目標のひとつだった社長になれた。

なぜ金融業にしたかというと、銀行の営業時間に合わせて仕事が動くため、自由になる時間を多く取れることが大きな理由だ。つまり平日は午前九時から午後三時までの六時間だし、土曜日は午後まで、日曜日と祝日は休業である。しかも土日の間でも金融業は利子というかたちで利益を生んでくれる。つまり余暇をしっかりと確保したうえで利益も確保できるからで、モータースポーツを楽しみたいと考えていた私にはうってつけの業種だったのだ。

一九五四年から一九七三年までは、神武景気や岩戸景気、オリンピック景気など、「もやは戦後ではない」と言われるほど日本の経済が急成長していた時期だ。高度成長期の波に乗れたおかげで事業はうまくいった。

起業してからしばらくは事務所を借りる金もなかったから、そのとき所有していたルノーを路地裏に停めて、クーラーもない車内で汗だくになってそろばんを弾き、金の計算をしていた。事務所を借りられるようになってもずいぶんと長いこと知人のところに間借りしていた。しかし三年も経つと、ワンフロアを貸し切った事務所を持てるようになり、私を含めた六人の従業員で利益は順調に伸び、月の純利益で数千万円を上げられるほどになっていた。

しかし実感としては、目標だった社長になれたとは思っていなかった。私が想像していたのはいわゆる大会社の大社長で、いくら利益が上がっても従業員が十人にも満たない中小企業ではせいぜいお山の大将だと思っていたからだ。

ともあれ、そんなふうにして社長になって稼げるようになっていた私は、目論見どおりにモータースポーツに熱中できた。大学時代に買ったホンダのS600（エスロク）は卒業してからも乗り続けていて、私はまずエスロクでレース活動をしていた。

戦後の日本に初めて誕生したレース場は一九六二年に本田技研工業（ホンダ）が作った鈴鹿サーキット（三重県）で、現在もモータースポーツの頂点であるF1をはじめ、バイクでは鈴鹿8時間耐久レースなどが行われている国際サーキットだ。三年後の一九六五年には船橋サーキット（千葉県）、一九六六年には富士スピードウェイ（静岡県）、一九七〇年には筑波サーキット（茨城県）が完成して、日本のモータースポーツが一気に盛り上がっていった時代だった。

船橋サーキットは残念ながらわずか二年でなくなってしまったのだが、オープンする一週間前に行われた「モーターファン コンバインドラリー」への出場が私のデビューレースだ。これは『モーターファン』という自動車雑誌が主催したレースで、船橋サーキットで周回レースをこなした後、福島県の安達太良山までラリーで移動し、スキー場のダートコースでヒルクライムをするという、三本立てのレースだった。

サーキットをぐるぐると走るのは初めてだったし、自転車やバイクではさんざん山に登っていたもののクルマでスキーゲレンデを登ったことなどなかった。しかしラリーは大学時代にさんざんやっていたし、自信があった。きっと好成績を残せると思い、自動車部の後輩を誘って出場したのだ。

しかしレースが終わってみると、サーキットが三位、ラリーが六位、ヒルクライムが二位という意外な結果だった。レースにはトヨタや三菱といったメーカーがワークスチームで参戦していたし、まったくのプライベーターだった私が初めてのサーキットでワークスよりもいい成績を残したことは意外だった。そして得意のラリーで成績がふるわなかったことが、なにより残念だった。

だがそれよりも無念だったのがヒルクライムだ。実は私は二位ではなく一位だったのである。北海道時代、バイクやクルマでさんざんダートを走っていた経験に加えて、スキーをやっていたことでドリフト（横滑り）に対する感性が知らぬ間に磨かれていたのだろう。それがヒルクライムで活きたのである。そのときはとくに意識したわけではなかったが、初めてのヒルクライムレースで一位を獲れたのだからうれしい。

しかし私の勝利に対して、ワークス勢が抗議したのだ。どこの馬の骨ともわからない素人の若い男が、エスロクという非力で小さなクルマを走らせてそんな速いタイムを出せるわけがない、というのである。彼らはヒルクライムの勾配や路面状況に合わせてエンジンやサスペンションをその場でセッティングし直したり、実績のあるドライバーを連れてきているから、無名の私がエスロクで出したタイムは信用できない、計測の間違いだ、レースをやり直せというのである。

今ならそんな抗議も跳ね返せるが、なんといっても初めてのレース、しかもワークス対プライベーターである。仕方なくもう一度走ることになったのだが、一位を獲ることはできず二位に落ちてしまったのだった。

そんなふうにデビューレースには難癖がついてしまったが、得意だったラリーよりもサーキットの成績がよかったことから、私はサーキットレースをはじめることにした。

エスロクは大学時代に父が買ってくれたクルマで、東京で買うことができず札幌のディーラーに実家へ納車してもらった後、東京まで自走して持ち帰ってきたクルマだ。大学時代には他にフォードやルノーにも乗っていたが、卒業後もずっと乗っていた思い入れのあるクルマなのである。

コンバインドラリーに出場したことでサーキットレースに興味を持った私が出場したのは、「日刊スポーツ ジュニアチャンピオン自動車レース」だ。プロレーサーの登竜門といわれていて、生沢徹や浮谷東次郎も出場していた年間シリーズ戦である。

エスロクは二座席のクルマで排気量七〇〇cc以下だが、一三〇〇cc四座席と同じツーリング1（T1）というカテゴリーになる。私はこのレースで三年連続で年間二位という成績を残した。他にも「全日本自動車クラブ対抗レース大会」や「全日本スポーツカーレース船橋大会」、「クラブマンレース船橋大会」といったレースがあり、月に一度はレースに出場していた。

エンジンは水冷のDOHC四気筒で、四連キャブレターを搭載するスポーツカーだったが、排気量は六〇六ccしかなく、一三〇〇ccも同じクラスを走るレースでは、どうしてもパワーが足りない。

そこで私は東京・福生に移転してきたばかりのヨシムラにエスロクを持ち込んでチュー

ニングしてもらうことにした。なぜヨシムラにチューニングを依頼するようになったかというと、ゼロファイターズカークラブ（ZFCC）がきっかけだ。

ZFCCは、日本グランプリで活躍していたドライバーの伊能祥光が主宰していたレーシングチームで、伊能は自動車修理工場もやるほどメカニックとしても優れる人物だった。私もそのメンバーで、ZFCCとしてレースに出場していた。

レースに出場するだけでなく、ZFCCは富士スピードウェイでの走行会をやったり、箱根ターンパイクを貸切にしてヒルクライムをやったりしていた。

箱根ターンパイクでのヒルクライムは楽しかった。クラブ員で金を出し合って貸切にして、一般車両は入れないようにする。ただし昼間は貸してくれないから、夜の開催だった。下から上へ向かう一方通行にして、今はなくなってしまった大観山の料金所をゴールとしてタイムを測るのだ。

夜間照明もさほど整っているわけではないから、頼りはヘッドライトの灯りだ。当時のクルマのヘッドライトはお世辞にも明るいとはいえず、かなり怖い思いもした。とくに料金所のゲートは幅が狭いから、そこを猛スピードで抜けていくのがけっこう怖かった。スピードを落とさず抜けられるのはエスロクが精一杯で、フェアレディだと減速しないとかなりむずかしかった。

そのときに知り合ったのが田中健二郎だ。彼は本田宗一郎に認められてホンダに入社し、開発ライダーを務めていた男で、浅間火山レースはもちろんのことマン島TTにも出場したレーシングライダーでもあった。彼は後に高橋国光や北野元を連れて日産ワークスに移籍してチーム監督になるのだが、私が知り合った頃はドライバーに転身したばかりの頃だった。その田中が私を気に入ってくれていて、「俺はヨシムラと仲がいいから紹介するよ。ヨシムラでチューニングしてみるか」とヨシムラへ連れて行ってくれたのだ。

ヨシムラはバイクのレース界では世界的に知られることになるほどの名チューナーで、本田宗一郎と並んで伝説的エンジニアといわれる吉村秀雄（ポップ吉村）が率いるレース屋だ。吉村は九州の板付基地という、今は福岡空港になったアメリカ軍の基地で米兵たちが楽しんでいたレースに関わって評判を上げた。戦争中は航空機のメカニックをしていた男で、彼らは吉村のチューニングに驚き、全幅の信頼を寄せていたという。

その吉村が横田基地のそばに移転してきて、ヨシムラコンペティションモータースという名前でレーシングチューナーをしていたのである。ヨシムラが手がけるチューニングはバイクだったのだが、エスロクのエンジンはホンダ製だからか比較的バイクに近い構造だったこともあり、ヨシムラはエスロクのチューニングでも評判が高かったのだ。

そうして私はエスロクを持ち込んだのだが、実際に私のエスロクをチューニングしてくれたのは、ヨシムラで丁稚をしていた松浦賢という男だ。松浦はその後、マツウラレーシングサービスを起ち上げて独立し、愛媛に大きな工場を作るのだが、その設備がすごい。精密な部品を製造するためには温度管理が欠かせないと、施設の半分を土に埋め、半地下状態を作っているという、類を見ない工場なのである。その後はＢＭＷやヤマハのＦ１用エンジンを設計するなど、世界的に大活躍するエンジニアなのだ。

そうしてチューニングは信頼できるプロフェッショナルに任せていたが、点検や整備は自分でやっていた。

京橋にある協立通商の事務所にはエスロクを置けるスペースがあり、エスロクはそこに保管してガレージとしていた。

事務所にガレージがあるといっても、リフトやクレーンなどの設備はないから、一人でできる作業には限界がある。とくにエンジンを下ろすとなると、社員に頼んで作業を手伝ってもらう。数人でエンジンを抱え、段ボールを敷いた上にエンジンを下ろすのだ。

エンジンを下ろしてしまえば、分解は一人でできる。バルブやポート、シリンダーやピストンなどを研磨したら、また一つひとつ組み上げる。金融業はかなり時間を自由に配分できるから、平日でもそんなことができた。

しかしレースではそこそこの成績を出せるものの、二位や三位が多く、一位になれない。ドライバーとしての私の技術の問題もあるにはあるのだが、エスロクの限界でもあった。エスロクが組み込まれるクラスでは、他のクルマよりも排気量が小さく、いくらヨシムラという名チューナーが改造しても、引き出せるパワーが足りない。限界までエンジンをチューニングしても、ライバルたちに追いつかないのである。これよりも上を目指すには、クルマを替えるしかなかった。

そこで私はモーリスのミニクーパーSを買った。

ミニクーパーSは、一九六一年からモナコで開催されている伝統的なラリー「モンテカルロ・ラリー」で三度も優勝したクルマだけあって、海外ではチューニングパーツが豊富に出ていた。だからレーシングチューンはエスロクよりもやりやすかったが、海外からパーツを取り寄せる手間もあれば、決してパーツも安くはないし、組み込むのもむずかしい。

そこで六本木にある黒崎内燃機工業という、英国車を中心に欧州車を取り扱っているクルマ屋にミニクーパーSを持ち込んだ。そこで私が「おたくのメカニックの研究にもなるだろうし、レースのエントリーフィーは僕が出すけど、メカニックとチューニングをお願いしたい」と提案すると、社長は二つ返事で受けてくれた。

この工場長がおもしろい男で、あるとき日曜日のレースに来てくれたとき、どうやら虫歯が疼いてかなり痛むようだった。すると自動車用バッテリーの端子に希硫酸液に浸した箸をつけ虫歯に当てるのだ。おそらく希硫酸で虫歯の神経を焼き切っていたのだと思うが、そういう豪快な一面を持つ人物だった。

私はスポンサーロゴとしてミニクーパーの横面に黒崎内燃機と描き入れ、レースに出るようになった。

当時、ミニクーパーはモーリス製とオースチン製があって、私が選んだのはモーリスだ。黒崎内燃機が取り扱っていたのも当然モーリスで、オースチンのミニクーパーSは早崎治という、カメラマンがレースに出場していた。

乗り換えてすぐに成績が出たわけではなく、船橋サーキットや富士スピードウェイでのレースでは苦戦した。

ところで、初めて富士スピードウェイを走ったときの印象は強烈だった。あの有名な三〇度バンクである。カーブを高速で曲がるために、路面に三〇度の傾斜をつけているのだ。三〇度バンクへ向かっていくと、まるで壁に突っ込んでいくようだった。初めて走ったときは思わず「なんだこりゃあ！」と声を出してしまうほどだった。

それでもミニクーパーSに乗り換えた翌年、一九六八年一月に鈴鹿サーキットで開催された「全日本鈴鹿300キロレース」で私はようやくクラス優勝、総合三位という成績を残すことに成功した。

オースチンのミニクーパーを抑えて、黒崎内燃機のモーリス・ミニクーパーSを上位に入れることができたこともうれしかった。

エスロクやミニクーパーSという小さなクルマでレースをしていたのは、まず金があまりかからないことが理由だ。車両本体価格はもちろんだが、部品代や修理代も安く上がる。フェアレディやセドリックを走らせたこともあったが、レースというのは上限を決めておかないと、金も人も手間も際限なく注ぎ込むようになってしまうのだ。

レースは速さを競うものだから、どうしてもより速くてパワーがあるクルマやクラスがすごいとか偉いなどと思いがちだ。しかしそんなことはまったくないのである。限られた条件の中で最善を尽くし、一所懸命にやる。どんなクラスであってもそれはまったく同じことで、レースとしての意義が違うわけではない。むしろそのときの自分に合ったクルマやクラスで挑戦するからこそ意義がある。

もうひとつの大きな理由は、小さなクルマだからこそ大きなクルマに勝ってやろうと意気込めるし、勝てたときの喜びも大きいことだった。エスロクもミニクーパーSもツーリング1（T1）というクラスなのだが、台数が少ないため排気量が大きなツーリング2（T2）との混走レースになる。クラスが違うから順位は別々になるのだが、ヨーイドンで一緒に走るのだからT2も意識せざるをえない。

狙うのはT1の優勝だが、T2にも食らいつきたい。

クラス優勝できたのはもちろんうれしかったが、総合三位という成績が何よりうれしかった。なぜなら総合の一位と二位はトヨタの1600GTといすゞのベレット1600GT、そして私より下位の四位と五位は日産のスカイライン2000GTという、一三〇〇ccしかない私のミニクーパーSよりも大きな排気量、なおかつ格上となるスポーツクラスだ。

その頃、見崎清志や高橋晴邦、長谷見昌弘といったドライバーはよく同じレースに出ていた。クラスやレースが異なることが多かったが、高橋国光、北野元といったドライバーともサーキットを共にすることが多かった。

もっとも強く覚えているのは、高武富久美とペアを組んで出場した一九七一年の「全日本富士1000kmレース」だ。ポルシェ910やダットサン240Z（フェアレディ）、スカイラインなども出場するレースで、予選は五十台で足切りされる。私はこのレースにホンダ1300クーペで出場していて、排気量からしても非常に不利だった。しかし無事に予選を突破して決勝レースに臨むことができた。

リタイヤが続く決勝レースはかなり過酷だった。一〇〇〇キロメートルという長丁場の耐久レースだから、エンジンを全開まで回し続けるとクルマが壊れてしまう。だから八割くらいのパワーで走って、エンジンを温存する。我慢と忍耐のレースでもあった。

そうして終わってみると、私はクラス優勝。総合でも七位という好成績だった。しかも総合順位で私より上は、ポルシェ、フェアレディ、スカイラインやニットラAC7Ⅱというスポーツカーで、一三〇〇ccクラスの小さなクルマでそこまでの上位に食い込めたのだからうれしい。さらに、同じT1クラスの二位はサニーに乗った星野一義だったのだが、彼らのチームは総合三十四位だった。それだけの圧倒的な差をつけて勝てたのがなにより喜ばしかった。

そんなふうにして日本では鈴鹿、船橋、富士といったサーキットが完成してようやくレースが開催されるようになったが、まだまだ私を含む一部の好事家が集まってわいわいとやっているだけだった。

東名高速道路もまだない時代で、東京から富士までが四時間半、鈴鹿までは十二時間もかかっていたのだ。未舗装路もまだまだ多かったし、舗装路の路面状態も今のように良質ではないから、往復二十四時間もガタガタと揺られていると、トレーラーを引く車として使っていたコロナ・ハードトップのトランクの蓋が開かなくなる。リベットが振動で外れてしまうのだ。

モータースポーツはもちろん、モータリゼーションがようやく歩きはじめた時代である。今考えると呑気なことは多々あって、ガソリンを入れ忘れたとかトランスポーターにしていたコロナの調子が悪いなどでレーススタートに間に合いそうにない時は「ちょっと待ってくれ」と電話すると、スタートを一〇分遅らせてくれることもあった。

そうやって融通がきくのはいいことでもあるのだが、モータースポーツの本場であるヨーロッパやアメリカはやはり一歩先を進んでいて、日本は遅れていると思わざるをえなかった。

そういう私自身、ただひたすら夢中になってレースをしているだけで、日本のモータースポーツが盛り上がっているという客観的な視点や実感はあまりなかった。自分が出ているT1クラスで勝ってやろうという気持ちでレースをしていたし、セドリックのストックカーレースやフェアレディでの耐久レースをするようになってからも、ただ自動車を速く走らせることが楽しく、熱中していただけだった。

その意識が変わっていったのは、ヨーロッパへ旅行するようになってからだ。

その頃から私はヨーロッパやアメリカへ旅行する機会が増えており、そのひとつは写真がきっかけだ。レースと並行して、私は写真という趣味にも熱中していたのだ。

カメラは少年の頃から好きで写真もよく撮っていたが、趣味といえるほどのめり込んでいたわけではなく、スナップ写真を撮るくらいのものだった。そうはいっても生来の整理整頓好きが高じたというか、記録することが好きだった私は、撮った写真をすべてアルバムにまとめている。

写真だけではつまらないから、たとえば自動車旅行のアルバムなら有料道路やフェリーのチケットの半券だったり、燃費や距離などの走行記録も写真に添える。それでも物足りず、クルマのメーターやロゴマークをレタリングしてアルバムに保存した。宮様のところで書生していた大学時代は自動車部の活動が活発だったし、夜はひとりで過ごす時間が多かったから、そんなアルバム作りに没頭したものだった。

私のこういう性癖はきっと父譲りなのだ。父はとても几帳面で真面目な人間だった。私が大学生のときに石鹸工場をたたみ、質屋に転業していたが、父と同じ金融業の仕事を選んだことにも少なからず影響している。

記録をしっかりと残すのは、自分の足跡を残すという意味合いも当然あるわけだが、それよりも次に同じようなことをするときの参考になるからという理由も大きい。

たとえば大学時代の自動車旅行を記録することで、そのときの良かった点や悪かった点が浮き彫りになってくる。すると次の自動車旅行へ出かけるときに、何を準備すればいいのか、旅先で困ったことにならないためには何をしておけばいいのかが見えてくる。それによって次の旅行は万全の体制で出発できるし、旅程での不安がなくなることで心にゆとりができる。そうすると旅先で見える景色が違ってくるし、いろいろなモノやコトが見えるようになる。物事が好循環しはじめて、いい出会いも生まれるものなのだ。

記録という観点とはちょっと異なるかもしれないが、レースで活躍していたこともあって、モーターファンというクルマ雑誌を中心に新型車の批評記事を書くようにもなっていた。いわゆる新車インプレッションという記事で、メーカーが新しく作ったクルマを走らせて、「ここはいい、でもここはダメだ」と批評するわけだ。

ヨシムラや黒崎内燃機がチューニングしたクルマでレースをしてきたわけだし、クルマの良し悪しについてはひと通り理解しているつもりでも、新しいクルマに乗ると今まで知らなかった発見があったりしておもしろい仕事だった。

『間違いだらけのクルマ選び』という自動車評論本が出てきたときは、「これを書いた徳大寺有恒という男はいったい誰だ」とずいぶん話題になったものだった。しばらく経ってから正体はわかったのだが、徳大寺というペンネームを使っていたため、レースやクルマの業界にいる私たちにもすぐには正体がわからなかったのである。

そんなわけで写真はもともと好きだったが、趣味といえるほど本格的に写真をやるようになったのは社会人になってからだ。金融の仕事を通じて知り合った人に誘われて、東京写友会という五十人ほどの会員がいるクラブに入会した。京橋に事務所があり、会員は金融業界の社長連中ばかりというクラブだ。毎月一度、会員たちの発表会があり、プロの写真家を招いて寸評をもらう展示会をやっていた。月に一度発表会があるのだから、撮影にも頻繁に出かけなくてはならない。金融会社の社長たちと連れ立って、箱根や鎌倉へ写真を撮りに行く撮影旅行へ出かけることもしょっちゅうだった。

すると同じ業界の社長同士だから当然仕事の話も増える。そこからコネクションが広がり、仕事につながる。写真は趣味だったが、しっかりと実益も兼ねてくれた。芸は身を助くというとおり、東京写友会は仕事にもいい影響をもたらしてくれたのだった。

風景写真を撮ることは楽しくて、何事にも熱中してしまう性分の私はやはり写真にものめり込んだ。撮影するだけでは飽き足らず現像もするようになり、自宅の風呂場を暗室にした。なぜなら窓がなく、出入口だけ布などで覆えば真っ暗にできるからだ。カラー現像は温度管理がむずかしかったがいろいろ工夫をして、なんとか自宅に暗室を作ることに成功した。

今もある富士フイルムフォトサロンという富士フイルムが運営している展示場が主催するコンテストに応募して二位になったこともある。やはり賞をもらうとうれしいし、もっといい写真を撮ってやろうと励みになるから、さらにのめり込む。

するとそのうちに「国内じゃダメだ、海外へ行こう」という話になり、敬愛していた人と連れ立って、私はスペインやフランスなど、ヨーロッパのあちこちへ旅行するようになっていた。クリスマスから正月は毎年ヨーロッパへ行き、私がレンタカーを運転してスペインやフランスの田舎を訪れては風景写真を撮っていたのだ。

為替が固定相場で、一ドル三六〇円の時代だから、海外旅行へ出かける日本人はまだ少なかった。それだけに海外の最新情報も少なく、とくに本場であるヨーロッパのモータースポーツのことは、日本にいるだけではほとんど知ることができなかった。

だから私は撮影旅行のついでに、機会を作ってレース観戦も楽しんだ。ただ観戦するだけではなく、どのようにしてレースが運営されているのか、出場しているドライバーたちはどんなふうにレースの準備をし、どのようにして走っているのかを知りたかったからだ。いわば視察である。

そこで知った日本と欧米のレースの違いはたくさんあったが、大きな違いは、ヨーロッパのレースには企業スポンサーがついているかということだった。

モータースポーツは金がかかる。まだクルマそのものが高価だったし、それに加えてレースのためのチューニングやパーツの代金と修理代、サーキットに運ぶためのトラックやトレーラー、サーキットの走行料金などなど、一つひとつが安くはないから、どうしても金がかかるのである。日本のレーシングドライバーに資産家やその息子たちが多かったのはそのためだ。

その事情に日本と欧米の違いはなかったが、戦後経済復興、そして平和の象徴として、モータースポーツは世間の興味をくすぐる興行だけあって、テレビやラジオ、そして新聞や雑誌が記事にする。そこに注目した広告業界が、ドライバーと企業をつなぎ、スポンサー契約を成立させていたのである。

資産家が多いとはいっても、レースをやっているだけではただ消費するだけで金は生まない。もちろんサーキットは観戦料として客から金を取るが、ドライバーには還元されない。しかしドライバーが企業スポンサー契約を結び、企業が参加するようになればレースは金を生むようになってドライバーやチームに還元される。レースを中心として、金が回るようになる。そうなればドライバーをはじめエンジニアやメカニックもレースに参加しやすくなり、モータースポーツ人口が増える。競技人口が増えて裾野が広がれば、速いドライバーや強いチームが生まれやすくなる。そしてレースのおもしろさが高まり、白熱した展開が生まれる。観戦客は増えるし、メディアの注目もさらに高まり、世間もよりいっそうモータースポーツに期待するようになるのだ。

とかく金がかかるスポーツだけに、モータースポーツの裾野を拡げ、発展させていくためには企業参加による大きな資本が重要なのである。

そこに気づいた私は、日本のモータースポーツをさらに発展させていくためには、ドライバーと企業を結びつける方法を確立させる必要があると感じた。日本のモータースポーツはようやく発展しはじめていたときで、ツーリングカーだけでなくフォーミュラカーレースもはじまり、日本グランプリも大規模で開催されるようになっていた。

私の試算では、一〇倍返しを基本にしようと考えていた。五百万円のスポンサー料に対して、五千万円分の宣伝効果を企業にもたらすのである。たとえば全国紙の新聞に記事が載ったとする。当然そこにはレーススチームの名前に組み込んでいるスポンサーの名前が載るし、写真が掲載されていれば商品名も全国にアピールできる。その記事を、同じ大きさの広告料金と比較すれば広告効果を数字として算出できる。新聞だけでなくテレビや雑誌も同様だ。

それに加えて、サーキットの観戦客の数も算入できる。すると一人当たりの宣伝費が算出される。その合算を、スポンサー料の一〇倍とするのが私の目標だったのである。

それをかたちにしたのが、一九六九年に起ち上げた「日本レーシングマネージメント」だ。しかし日本にはそういうシステムがないから、ノウハウもまったくなかった。当初はドライバーズユニオンを作ろうと思い立って、ドライバーたちに案内状を出した。何人かは私の企画に賛同してメンバーになってくれた。

ノウハウもコネクションもなかったからスポンサー契約を結ぶまでに時間がかかったが、少しずつ成果が出るようになっていった。その一人がフォーミュラで活躍していた風戸裕で、オリエント時計がスポンサーとして協力してくれることになった。

ドライバーと企業をつなぐ、と文字で書くと片手間でできそうなものだが、そういうわけにはいかない。私は協立通商をたたみ、日本レーシングマネージメントとして新しい会社を起こして専念することにした。

転業しようと思った理由はもうひとつある。金融業をやっていると、貸した金を返しに来た客が金を叩きつけて出ていくのだ。私は不当な金利を取っていたわけではなかったし、良かれと思って貸しているが、客はそう思わないのである。

これは非常に嫌なもので、金を叩きつけられるたびに私は落ち込み、金融業を続けていく自信がなくなったのだった。

とはいっても協立通商をいきなり辞めるわけにはいかなかったから、会社に日本レーシングマネージメントの事務所も置いてしばらくの間は両立させていた。協立通商の社員は全員辞めてもらっていたから、その帳簿をつけたり入金の確認などは私一人でこなしていた。日本レーシングマネージメントとしては五人ほど社員を新たに雇い、企業向けの企画書を作り、いろいろな会社へ売り込みをかけていた。

レーシングドライバーを広告塔にするという方法は、まだ日本では誰もやっていない業態だったし、広告業界のことなどまったく知らずに起ち上げた会社だったから、初めの頃はずいぶんと苦労した。日本レーシングマネージメントの事務所は東京の青山にある雑居ビルの三階を借りていた。しかし売上がないから家賃が払えず、協立通商の利益を家賃に充てるほどだった。

そこでオイルを売ることを思いついた。日本サン石油が取り扱っているスノコというブランドのオイルだ。取り扱いは日本サン石油がガソリンなどを卸していたキグナス石油だったこともあって、商品にはスノコのロゴも文字もなく、『キグナス・サンパックオイル』として販売されていた。

なぜスノコのオイルを売ろうと思ったかというと、私はレースでスノコのオイルをずっと愛用してきたのである。カストロールやＢＰも使ったことはあったが、一番いい結果を出してくれたのがスノコだったのだ。エンジンオイルはもちろんのこと、デフもミッションもすべてスノコのオイルを使っていたのだ。

そうした話をすると、日本サン石油でもスノコの名称を出して売っていきたいという。そこでスノコというブランド名で新たに売り出すことになり、日本レーシングマネージメントとして看板やポスターを制作することになった。

商品写真は青山の事務所で撮影したのだが、その写真を撮ったのは二村保だ。二村はテレビ局で報道カメラマンをしていたのだが、レース専門カメラマンになるために会社を辞めてフリーランスになったばかりだった。彼とはサーキットで知り合い、青山の事務所に出入りするようになっていた。

青山の事務所に段ボールを敷き、天井からライトを照らして簡易スタジオにし、スノコの商品写真を撮っていたあの頃がなつかしい。二村はその後メキシコオリンピックの公式フォトグラファーを務めたり、モンテカルロ・ラリーを撮影したりと実績を重ねていってラリー専門カメラマンの大家になった。

日本サン石油のスタッフに勧められ、アメリカへレース視察に行ったのもこの頃だ。セブリング12時間レースの現場へ行くと、スノコのロゴマークをつけたクルマが走っている。そこでスノコレーシングチームオーナーのロジャー・ペンスキーに会った。ペンスキーは元F1ドライバーで、このときはインディとナスカーのレーシングチームを率いていたのだ。今ではペンスキーをブランドにしたオイルの販売からトラックのレンタルや物流まで手がける、アメリカ屈指の実業家の一人である。

ペンスキーと会えたことで、アメリカのレースの実情をつぶさに見ることができたし、レースを軸にして経済を動かせるという確証を持つことができた。アメリカでの収穫は大きかった。

帰国してからもスノコのオイル販売を続けた。営業車のカローラバンにスノコの一リットル缶とドラム缶のサンプルを積み、レースでも使っていて好成績も出せた性能のいいオイルだと説得しながら営業回りをしたのである。昔からやっているような自動車修理工場を何軒も訪ねて回った。他の社員たちはスポンサーを見つけるために出歩いているから、スノコの販売員は私一人だけだ。

もちろん売るための工夫や努力もした。日曜日は休業としている企業の営業車のオイル交換や管理、クルマの清掃を引き受けたのだ。日曜日に出かけていってオイルを交換し、オイル交換の時期がひと目でわかる表を作ってあげて、そこへ交換した日付を記入する。そうすれば、素人でもオイル交換の目安がわかるわけだ。オイル交換が済んだら、床マットのゴミを掃除して、灰皿から何からすべて掃除して洗車もする。

そうした甲斐もあって一ヶ月で一二〇〇リットルもスノコのオイルを売り上げた月もあるほど、オイル販売も好調だった。

しかしスポンサー契約の仕事は順調とはいかなかず、営業回りには苦労が続いた。初めのうちは広告代理店に行けばいいという知恵もなく、いろいろな企業を一軒ずつ回って企画を売り込んでいたのだからまったく効率が悪かった。

そのうちに電通という広告代理店のことを教えてくれる人が現れた。電通というくらいだから電気関係の広告を扱っているのだろうと考えていたほど私たちは広告業界に無知だったのだから、今考えると笑えるほどおかしい話だ。そうして電通へ営業に行くようになったのだが、電通ほどの大手広告代理店でもモータースポーツが広告になるとは考えていなかった。

もうひとつ笑えるエピソードがある。あるとき日本レーシングマネージメントのことを某新聞が取り上げて記事にしたのだが、そこには「一年も持たないだろう」と書かれていたのだ。

そんな逆風に吹かれながらの仕事だったが、電通の社員からある日こんな話を持ちかけられた。

「菅原さん、ミニクーパーSに乗っていらっしゃるでしょう。ミニクーパーSと富士スピードウェイを使ってセイコーの広告を作りたいのです。ミニクーパーSを借りることはできますか？」

断る理由はどこにもない。私たちは富士スピードウェイの三〇度バンクにミニクーパーを置いてモデルを立たせ、「レースで失敗したがもう一度挑戦するぞ」と闘志を燃やしているという物語とセイコーの時計をオーバーラップさせたポスターを作ったのだ。

するとこれが大当たりした。セイコーは電通のメインスポンサーだったから担当者もこれには大喜びで、その後も日本レーシングマネージメントでセイコーの広告を制作した。セイコー・ファイブスポーツという新製品のときは、生沢徹をモデルに立てたら、これがまた成功を収めたのだ。

生沢はイギリスでレースをしていたが、日本に戻ったときにはセイコーのステッカーをつけたマシンを走らせた。生沢とはライバルでもある風戸にもセイコーのカラーリングで走ってもらった。だが、風戸は一九七四年の富士グランチャンピオンレース、三〇度バンクでの多重クラッシュに巻き込まれて事故死してしまった。三〇度バンクはそれをきっかけに使用禁止になるのだが、それ以上に惜しい男を失ったことが悔やまれる。

F2を走っていた高原敬武のスポンサーにはカネボウが手を挙げた。彼のブラバムBT36というシャシーにフォードBDAというエンジンを載せたフォーミュラマシンのグラフィックを、ダンディマークⅢという男性化粧品のパッケージカラーにしてロゴマークを入れてレースを戦った。

だがいっぽうで、マルボロの仕事では悔しい思いをした。マルボロがスキーショーのスポンサーをするという仕事があり、サーキットレースの仕事につなげられるチャンスと考えた私は喜んで引き受けた。

スキーショーというのは、ホットドッグと呼ばれる競技で、今でいうフリースタイルスキーだ。その中でもエアという、ジャンプ台に向けて真っ直ぐに滑っていき、ジャンプ中に身体を回転させたりひねったりする、いうならばスキーの跳馬みたいなスポーツだ。

そのために外国から四人のスキーヤーが招かれた。会場の準備から、観客に配布する五本入りのマルボロのサンプル、マルボロのロゴマークを印刷したネッカチーフなどのノベルティグッズを制作し、彼らを私のキャンピングカーに乗せてスキー場まで送迎した。

そのキャンペーンは大成功に終わり、マルボロとの信頼関係を作ることができた。土台ができたところでいよいよモータースポーツの最高峰、日本グランプリでマルボロのスポンサー契約を手がけようと計画を練った。

私はヒーローズレーシングの代表を務めていた田中弘の父である田中松雄とヨーロッパへ視察に行き、スポンサー計画をさらに煮詰めて準備をした。ヒーローズレーシングは当時、日本一の実力を持ったレーシングチームで、その後は星野一義、北野元、中嶋悟、片山右京など一流ドライバーを輩出したチームである。

そんなチームとタッグを組んでマルボロをアピールするのだから、これ以上に強力なことはない。私は意気込んで企画を考え、予算書を作り、そしてマルボロがスポンサーとなるチームが優勝するまでの計画を練った。

そうしてマルボロの代理店に企画書を持ち込むと、某三流ドライバーがいるではないか。彼らは中古のフォーミュラをマルボロカラーにして走らせるという。問題は彼らの予算が私の計画の十分の一と安いことだった。それもそのはずで、私の計画は優勝を前提としているため、性能のいいクルマを使うし、腕のいいドライバーと契約するからだ。

しかし代理店の担当者はそういう細かいことまで理解できなかった。料金が高いか安いか、それだけで判断してしまったのだ。

マルボロは海外では負けたことがない強いチームだったのだが、日本グランプリの結果はボロ負けだった。それ以来、マルボロは日本のチームとスポンサー契約を結ぶことはなかったのである。

オイル販売、ドライバーとスポンサーの橋渡しの他にも、テレビのドラマやコマーシャル、映画に使うクルマの手配や改造、吹き替えのスタントなども日本レーシングマネージメントの業務だった。今はなくなってしまったが萬年社という広告代理店を通じて、『ワイルド7』、『ザ・ガードマン』などに登場させるクルマやバイクの改造や吹き替えスタントを手がけるようになっていた。

他にも、カメラマンが乗り込む撮影用車両の改造もやっていた。それまでは撮影用に改造された車両はなく、普通のクルマにカメラマンが乗り込み、ドアを開けっぱなしにして身体を乗り出しながらカメラを回していたのである。

そこでカメラマンが安心して乗り込むことができ、安心して撮影に集中できるような改造をすることで、さらにダイナミックな映像を撮れるクルマを作ったのだ。

クルマの改造だけでなく、サーキットに撮影用の櫓を組んだりもした。業務用として三台のハイラックスを揃え、カメラカーとしても使ったし、荷台に足場用の単管パイプとクランプを積んで現場に向かうこともあった。

そうしたノウハウもやはりアメリカを視察してきたときに学んだものだ。モータースポーツだけでなく、映画王国でもあったアメリカには学ぶことがものすごく多かったのである。

もちろん日本でも映画は盛んに制作されていた。むしろモータースポーツよりも映画文化のほうが盛んだったくらいだ。しかし予算やスケジュールの都合もあったが、カーアクションなどはあまり重視されていなかったから、クルマを使った撮影手法も確立されていなかったのだ。

一度やりはじめるととことんこだわってしまう私の性分はここでも黙っていることはなかった。二台のクルマの前と後ろをぴったりとつけて走らせる場面の撮影では、監督から「時速一〇〇キロくらいで走って。あと一〇センチ寄って！」と指示が飛ぶのだが、私は「一〇センチ単位じゃぴったりと合わない。一センチ単位でやらないとダメだ」と言って、そのとおりにクルマを走らせた。もちろんドライバーは私だ。

ある映画の撮影ではこんなこともあった。御殿場の平原でのロケで時代劇を撮影していたとき、照明器具を使うのに欠かせない発電機が壊れてしまった。しかし東京から新たに機材を運び込むにも二日かかるという。スケジュールがそれだけ遅れれば俳優のスケジュールを組み直さなくてはならないし、それができなければ撮影は延期になってしまう。そうなれば当然経費も余分にかかる。

そこで私は発電機のキャブレターをバラして修理し、照明も使えるようにした。クルマのキャブレターをさんざん整備し、修理してきた私にとっては造作もないことだが、映画の撮影スタッフにそんなことができる人間はいない。そういうことがたびたびあったことで映画の撮影チームからも重宝された。

北海道時代と大学時代、そしてレースで培ってきたドライビングテクニックやメカの知識を駆使するのは楽しかったし、やり甲斐もあった。

メーカーのカタログもたくさん制作した。室内の写真を撮るためにクルマの屋根を切り取ったり、車高を低くしてスタイルをよりよく見せるため、ボンネットやトランクに鉛を入れたりと、いろいろと工夫したしアイデアも出した。そのための鉛を他の制作会社が借りに来るほどで、それくらいノウハウを蓄積していたのだ。

制作が同時に入ったときはメーカー別に班分けをしてスタッフを配置する。そのときどきによってトヨタ班とかマツダ班とか、もっと細かくなるとカローラ班とかファミリア班など、チーム単位でカタログを制作するのだ。

トーヨータイヤのカタログ制作では4×5（しのご）という大判フィルムを扱えるスチールカメラマンを二人、専門に配属していたし、ギリシャなど海外での撮影も多かった。日本の法律は厳しいから、狙ったとおりの写真を撮れないことも多いからだ。

私は企画制作をはじめ、現場の責任者としてプロデューサーやディレクターの立場になることが多かった。写真こそプロに任せて私はいっさい撮らなかったが、カタログの文章を書く仕事は何度か担当した。マツダ・ファミリアのカタログのサスペンションに関する部分は私が書いたものだ。

そうして気がつけば、いっそ会社の看板を変えようと思ったほど、広告や映像の制作仕事ばかりになった。写真とアルバム制作、レース、そして模型作り。日本レーシングマネージメントで手がけた広告制作は、私が少年の頃から楽しんでことの集大成といってもよく、企画はもちろん現場でもアイデアを出してもっといいものを作ろうとスタッフと取り組むことはとても楽しかったし充実していた。

もちろん会社設立の趣旨である、ドライバーとスポンサーをつなぐ、あるいはレースの参戦と継続をマネージメントする業務への思いはずっとあった。しかし背に腹は代えられない。広告や映像制作の仕事をこなさなければ、社員の給料や家賃を払えない。

一〇年余りの間に一万本ほどのテレビコマーシャルに関わったし、日本初という撮影方法も多く採り入れた。日本レーシングマネージメントで仕事をしていた社員の何人かは独立して、それぞれに撮影グループとして今もカタログ制作で活躍している。クルマの広告制作やカーアクションの映像制作において、日本レーシングマネージメントが業界に与えた影響は大きかったはずだ。

レーシングマネージメントの業態がうまくいかなかった理由はいくつかあるが、ひとつは企業とチームが直接スポンサー契約を結ぶケースが多く、私たちが間をつなぐ必要があまりなかったことだ。もちろんそれでうまくいくならいいし、無理に私たちが介入することはない。日本レーシングマネージメント設立の意義は、日本のモータースポーツの発展なのだから私にとってもうれしいことだ。

大手や中小に限らず、モータースポーツに協賛することのメリットを理解してくれる企業が少なかったことも原因のひとつだろう。ある大手食品会社にコネクションがあり、何度か企画書を出してプレゼンテーションしたのだが結実しなかったことがあるし、そうしたことは枚挙に暇がない。

もうひとつ見過ごせない理由は、日本は生え抜きを是として重宝する習慣が根強いことだ。たとえばドライバーがホンダからトヨタにクルマを乗り換えると、いわゆる圧力がかかるのだ。最悪の場合は機密事項をライバルに漏らしたと疑われ、レースに出られない状態に追い込まれ、業界から消されてしまう。

しかし海外にはそうした習慣はなく、ルノーを走らせていたドライバーが次のシーズンはプジョーに乗るなどは当たり前だ。ドライバーだけでなく、エンジニアやメカニックも同様である。

欧米ではあくまで企業と個人の契約だが、日本の場合は契約に加えて義理が生じる。そのあたりの習慣の違いから、日本のモータースポーツではドライバーの移籍があまり進まないのだ。そうした文化的背景も、当初考えていたレーシングマネージメントが思うようにできなかった理由だ。

近年ではそうした習慣もずいぶんと変わってきて、野球やサッカーといったプロスポーツの世界ではチームを変えて活躍するプレーヤーが増えてきた。モータースポーツも同様で、七〇～八〇年代とはずいぶんと事情が変わってきたが、義理人情を重んじる習慣は今も強く残っている。

もちろんそれを否定するわけではないし、義理をありがたく感じることも多い。たとえば私のダカールラリー出場に際して、複数のタイヤメーカーが協賛してくれているのは、そうした習慣があるからだ。サーキットでのレース時代を含めて、日本レーシングマネージメントで長い年月を通してお互いにモータースポーツの発展を目指して頑張り、良好な関係を保ってこられたからこそだからだ。

日本レーシングマネジメントの業務と並行して、自分のレース活動も続けていたが、レースを継続させていくことにだんだんと疑問が生じはじめていた。

レースデビュー以来、私はずっとプライベーターを貫いてきた。プライベーターとは、個人の裁量でチームを作り、レースに出場するドライバーのことだ。

対して、メーカーの開発チームのことをワークスという。

ワークスは何しろメーカーの威信をかけたチームだから、まずなんといっても予算が大きく、プライベーターとはまさしくケタ違いだ。しかも自分たちが設計したクルマなのだから、そのクルマについて誰よりも詳しいし、改造するためのノウハウもあれば道具や設備、技術も揃っている。そのうえ一流のエンジニア、メカニック、そしてドライバーでチームを作っているのだから当然強いし、速い。ワークスチームは、常にレースの上位を獲得する強豪チームなのだ。

私はプライベーターながらも、ワークスチームすら導入していなかったアルミパネルのトラックでレース車両を運んでいたし、発電機からエアコンプレッサーまであらゆる工具を積んでサーキットに入り、レースに備えていた。クルマのチューニングにも惜しみなく予算を投入して、ヨシムラや黒崎内燃機といった一流チューナーに改造を依頼してきたし、レースマシンとしての性能を引き上げる努力は人一倍やってきた。

しかしそれでもワークスには勝てないのだ。ツーリングカーレースというのは、改造できる範囲が狭く、市販されているノーマルの状態とあまり変わらない状態のクルマで行う。改造の制限が厳しい中、私たちはボディの内装や使わない座席を全部取り払って、極限までクルマを軽くする。

もちろんワークスも同様にクルマを軽くしてくるのだが、市販車とほとんど同じ形状ながらも、薄い板材を使って新たに作った軽量なボディのクルマを持ち込んでくるのだ。そんなことができるのはメーカーだけで、プライベーターにそんなことができるわけもない。そもそも市販されていないボディを使っているのだからレギュレーション違反なのだが咎められることもない。そんなことをされたらプライベーターが敵うわけがない。

ただでさえワークスは強く、速い。それなのに、たとえタイムでワークスを上回ったとしてもプライベーターは勝てない。ワークスがレース運営事務局に抗議をすると、たとえ理不尽な抗議であったとしてもそれが通用してしまったり、ルールを無視したレースをやっても咎められなかったりするのだ。さらにワークスチームは、私のようなプライベーターにわざと衝突させて順位を落とさせたり、リタイヤさせるためのクルマとドライバーも用意しているのである。

富士スピードウェイで行われた日本グランプリでこんなことがあった。

私がホンダ１３００で走っていたとき、ヘアピンを通過したあたりでクルマの調子が悪くなった。そのままヘアピンで止まればよかったのだが、タイムアタックの真っ最中だったため、コースの真ん中にクルマを止めると他のクルマの邪魔になってしまう。

そこで私は本コースから外れ、マーシャルカーや緊急車両が使うサービスロードにクルマを止めた。

すると後からレースの運営事務局に呼び出された。出向いてみると、コース外走行をしたから失格だというのである。

私は断然と抗議した。私はたしかにサービスロードにクルマを止めたが、他のクルマの邪魔にならないためで、自分が有利になるためではない。ショートカットするためでもないし、クルマを安全な場所に停めるためにサービスロードに入ったのだ。

それだけではない。同じレースを走っていた日産のワークスドライバーは、三〇度バンク手前にあるショートカットコースを使ったというのに、そちらには何の咎もないのだ。

レース運営事務局でレギュレーションを管理していたのは、レースのことに詳しくない大学の教授たちだった。彼らはレースの本質を知らずに判定するのだった。

ワークス優遇とプライベーターへの差別に耐えられず、レースを続けていく気力が失せてしまった。私は記者会見を開き、メディアの前で事情を説明し、理不尽なレースが行われていることを明らかにしたうえで、レースから引退することを表明した。

夢中になっている頃は、年間およそ一〇戦のレースに参戦していて、毎月何かしらのレースでサーキットを走っていた。そのための準備に二、三週間はかかるから、月のほとんどはレースに費やしてきた。そんな生活を七年間続けてきたが、もう潮時だった。

一九七二年十月の全日本富士１０００㎞レースを最後に、私は四輪のサーキットレースをやめたのだった。

# 3章　様々な挑戦

学生時代はクルマにのめり込むあまりに恋愛にはとんと縁がなかった私だが、レースと日本レーシングマネージメントに夢中となりながらもようやく縁があり、一九六六年に結婚をした。その年に長男の義治が生まれた。そのときは大田区の山王に住んでいて、京橋の協立通商まで通う毎日だった。

しかし妻がレースを好きではなかったことをはじめとして、不和がいくつか生じてきた。残念ながら結婚生活は長続きせず、二年ほどで離婚に至ってしまった。義治は私が引き取って育てることになったが、仕事とレースで手一杯だ。そこで義治を北海道に住む私の両親の元へ預けた。

普段は食事を作る時間もないから、自宅の向かいにあったフレンチレストランから出前を取って食べる。金融の仕事とレース、そしてレース関連の仕事の合間を見つけては飛行機に乗り、義治に会うため北海道へ行く。そんな生活パターンだった。

そうして一年あまり経った頃、ＺＦＣＣの副会長を務めていたときにあるイベントで余興をやることになった。すると会長が「俺は歌を歌うから、おまえは紋付袴で黒田節を踊れ」と言う。大学時代に社交ダンスを習っていたことはあったが、日本舞踊はまったくの門外漢だ。しかも北海道育ちの私にとって、福岡民謡である黒田節などは踊りどころか歌も知らない。

　すると知人の妹が日本舞踊の先生をしているというので紹介してもらい、そこへ通うことになった。しかし黒田節は踊りもむずかしいし、時間も長くてなかなか覚えられない。そうして何度も通ううちに、彼女が日産サニー1000というクルマを持っているくらいのクルマ好きということがわかり、仲良くなって話も弾んだ。彼女は私がレースをするときサニーに友達を乗せて、十二時間もかけて鈴鹿までクルマを走らせて応援に来てくれるような女性だった。

　クルマ好きの女性もいないわけではなかったが、今と比べれば極端に少なかったし、鈴鹿まで来てくれる女の人となると皆無といってよかった。私は七つ年下の彼女のことをますます好きになり、やがて結婚した。

　彼女が今も夫婦として寄り添っている昭子だ。私は再婚であることを昭子の両親に伝えたうえで結婚の了承をもらい、私の母と義治、昭子と私の四人でハワイへ新婚旅行へ行った。

　私がレースをやめた一九七二年に次男の照仁が生まれ、翌年には長女のユキが生まれた。日本レーシングマネージメントの仕事は忙しかったもののレースのない生活は静かで、私は久しぶりにバイクに乗るようになっていた。

北海道から上京してずっとクルマにどっぷりと浸かっていたし、バイクは東京に持ってこなかったから、本当に久しぶりだった。

バイクといってもスピードを出すような競技や遊びには興味がわかなかった。私が目をつけたのはトライアルだ。

トライアルとは山や河原といった自然環境の中で、大きな岩や急な上り坂を越えていく競技で、足をつかずに走り抜けることを目標とするものだ。速さはまったく問われない。バランスを取りながらゆっくりと、一つひとつの障害を越えていく競技だ。

競技といっても大会に出場していたわけではなかったし、トライアル専用車もなかった。私はホンダのＳＬ１２５というオフロードバイクを手に入れて、燃料タンクを叩いて潰して小さくしたり、スプロケットを替えて瞬発力を上げるなどしてトライアル向けのバイクに改造していた。トライアル専用のタイヤもなかったから、モトクロス用を使っていた。

トライアルはモトクロスのようにスピードを出すわけではないから、広い場所がいらない。ミスがないかを互いにジャッジして、点数をつけていく。イギリスで盛んな競技だけあって紳士的なふるまいを要求される場面が多く、それゆえに品のいい人たちが集まる傾向もあった。

トライアルの認知度はまだまだ低かったが、万澤康夫、成田省造、西山秀一といった日本のトライアルの第一人者たちと有志が集まって「ブルームライダース」というチームを作った。

石澤康夫、成田有造もチームを持っていた。何しろトライアル人口が少ないだけに、どこかで大会をやるとなれば同じ顔ぶれが毎回揃うのである。私たちが主催すれば彼らが来るし、彼らが主催すれば私が行く。そんな具合だったからトライアル仲間が自然とつながっていったのだった。

全日本トライアルの初代チャンピオンで、その後ヤマハのトライアルバイクの開発ライダーを務め、現在はトライアルチームの監督をしている木村治男はそのとき高校生で、やはり自然と顔馴染みになった一人である。

そのうちに少しずつトライアル人口も増えてきたし、全日本の大会が開かれるようになった。ホンダやヤマハもトライアル専用バイクを開発するため、私たちがトライアルをしている現場へやってくる。やはり彼らとも顔馴染みになって仲良くなると、売れ残ったバイクをもらったり、余っているパーツをもらえるようになったりもした。トライアルの現場には業界関係者が多かったし、日本レーシングマネージメントでもホンダの仕事を引き受けていたこともあり、私はホンダの関係者と親しくなっていった。ブルームライダースもホンダのチームを作ろうというのが出発点だ。

トライアルの他には、燃費を競うレースに興味がわいた。いわゆるエコランだ。ガソリン会社のシェル石油（当時）が「シェル エコマラソン」を開催していて、わずか一リットルのガソリンでどれだけの距離を走れるかという燃費競争にも夢中になった。エコランはこの他にホンダが一九八一年に第一回となる「ホンダエコノパワー燃費競技全国大会（当時。現在はＨｏｎｄａ エコ マイレッジ チャレンジ）」を鈴鹿サーキットで開催していて、私はこれにも出場した。既存のクルマを使うのではなくフレームから自分で作っての参加だった。

まだやったことがないことをやるのは本当に楽しい。未経験だからこそ、何が必要かを考えて準備する。そして結果を受け入れる。その結果と経験を踏まえ、何が足りなかったかを探して補い、万全を期してまた挑む。しかしいくら万全を期しても準備不足が発覚することもあれば、本番でのミスもある。準備と結果に納得できる部分があったとしても、すべてで満足できる結果はなかなか出ない。だから、いい結果が出るまで繰り返す。私は生来、そういうことが好きなのだろう。

同じ頃、ヨーロッパ遠征でF2やル・マン二十四時間を走っていた生沢徹が帰国し、私たちは一緒にバイクで遊ぶようになっていた。お互いにレース活動をやめたし子供もできた。これからはクルマもバイクも、肩肘張らず趣味として気楽に遊んでいこうと意気投合していたのである。

そうしてあるとき、日本レージングマネージメントの事務所のそばにあった寿司屋で生沢と食事をしていると「バイクのクラブを作ろう」という話になった。私が会長で、生沢が副会長ということは決まったが、クラブの名前をどうするかと思案しているとこんなアイデアが出てきた。

「みんな子供がいるんだから〝子連れ狼〟なんてどうかな」

週刊漫画誌に連載されていた時代漫画『子連れ狼』が大ヒットし、映画やテレビドラマが制作されるほど人気だった。それにあやかったわけだが、有名な作品だから著作権があるし、私たちが勝手に子連れ狼を名乗るわけにはいかない。すると寿司屋の大将が口を挟んできた。

「子連れ狼の原作者の小池一夫さん、うちのお客さんなんですよ。今度会ったら名前を使ってもいいか訊いておきましょうか」

なんという偶然だろう。私たちは驚きながらも喜んで大将の好意に甘えさせてもらった。そして後日、子連れ狼という名前を使うことはもちろん、ロゴマークもそのまま使っていいとの快諾をもらえたのだ。

そこで私たちは「子連れ狼」のロゴを背中にプリントしたチームシャツを作り、週末になるとバイクで遊ぶようになった。

バイクといってもオンロードバイクではなく、オフロードバイクだ。チームシャツだけでは物足りないならバイクもみんなで同じ色に塗った。エルシノアCR125Mというホンダが初めて作った2ストロークエンジン搭載のオフロードバイクだ。

そしてチーム名のとおり、子供を連れて富士山や河口湖あたりへよく遊びに行った。

そうして思い立ったのが、バイクによる富士山登頂だ。

現在の富士山は、五合目に至る道路しかクルマやバイクは走れない。道路外のエリアにクルマやバイクで入ることはできないが、当時は制限なく入れたし、走ることができた。カワサキが85JIというバイクの性能をアピールするため、メーカーを挙げて富士山登頂に挑んで成功したことがあるほどで、自然環境に対するアプローチは現代とまったく異なっていたのだ。

一般にはあまり知られていないが、富士山には登山客が使う登山道の他に、山小屋へ資材を運ぶためのブルドーザーが登るための道がある。私が考えていた計画は、この道を使って頂上までバイクで登る。しかしそれだけでは簡単だから、トライアルと同じように足をつかず最後まで登るという計画だ。

その条件をつけても「なんだそんな簡単なことか」と思われるかもしれないが、意外とむずかしいのである。

まずひとつは、勾配がきついため真っ直ぐに登ることはできないそもそも道がジグザグと左右につづら折れが続いているし、そのつづら折れのヘアピンカーブが急なうえに勾配がきつい。

さらにブル道の路面は、目の粗い火山灰がふかふかと積もっているため、油断するとバイクのタイヤが埋まってしまう。

そしてもうひとつ、バイクでの富士山登頂を困難にしているのが、高地ゆえに酸素が薄いということだ。

バイクのエンジンを動かすにはガソリンが必要だが、もう一つ欠かせないのが空気である。空気といってもエンジンに必要なのは燃焼させるための酸素だ。大気中の酸素濃度は標高が上がるほどに薄くなるため、富士山を登れば登るほどエンジンの中でガソリンが燃焼しなくなり、パワーが出なくなってしまうのだ。

もちろんキャブレターの調整をしてガソリンと空気の混合比を適切にすればいいのだが、それをするにはバイクを止めなくてはならないし時間もかかる。私がこの挑戦で課した条件は「足をつかずに登りきる」ことだから、キャブレターの調整はできない。

するとどうなるかというと、登り始めたら最後、スロットルを一度たりとも戻してはいけないのだ。目の前に穴やコブがあろうが、急なカーブがあろうが、スロットルは開けたままにしておかなければならない。

酸素が薄くなるという不利はバイクに限らず、酸素を呼吸して二酸化炭素を吐き出して生きている人間も同じだ。山頂に近づくほどに呼吸が苦しくなり、いくら息を吸っても息切れが止まらないし、身体を動かすほどに息も絶え絶えになってくる。だから無駄な動きをしていると体力がどんどんと落ちてくる。

それからブレーキもだめだ。とくにフロントブレーキをかけたら、ふかふかの路面にタイヤが埋まってしまう。これはスロットルを戻しても同じことで、地面にタイヤを埋めることなく、スピードを落とさずに走り続けなければならないのだ。

ただしこれは私が使っていたバイクの排気量やパワーが小さいせいもあるし、足を一度でもついてはいけないという条件のせいでもある。パワーのあるレース用のモトクロッサーに乗り、足をついてもかまわないから、富士山の頂上までバイクで登ることはそこまでむずかしいものではなかった。

しかし条件をなくしたりパワーのあるバイクで登頂したところでおもしろさも達成感もない。ただバイクで山に登った、というだけのことである。やり遂げるまでに困難があり、そこを工夫したり技術を磨いたり、自分を向上させることができるからこそ面白いし、達成感も生まれるのだ。

バイクによる富士山登頂は、毎日挑戦していたわけではない。子連れ狼の集まりで数ヶ月に一度、富士山で遊ぶときだけ挑戦してきたから、頻度としてはそれほど多くない。だからこそ達成できるまで十年という長い年月がかかった。成功したのは一九八〇年十月のことで、バイクはホンダのエルシノアというオフロードバイクだ。

山頂に到達し、五合目あたりでピクニックを楽しんでいた私や生沢の家族たちに向かって「おーい、成功したぞー！」と大声で呼びかけて手を振ったが、声は届かないし誰もこっちを見てないしで、まったく気づいてもらえなかったのが少し残念だった。しかしそれでも十年をかけてこつこつとやり方を工夫しながら距離を伸ばし、富士山の頂上までバイクで登った達成感はかけがえのないものだった。

「俺は日本で一番高い、三三七六メートルという場所までバイクで登ったんだ」

努力を重ねて挑戦を続けていけば、必ず成功する。少年時代に自転車で生家の前の坂道を二年かけて登ったときと同じく、この成功は私にとって大きな自信となった。

ブルームライダースや子連れ狼、そして日本レーシングマネージメントでの業務を通じて、私とホンダは関係が深まっていた。何しろ大学時代から所有していたエスロクだけでなく、１３００クーペも私のレース活動で大きなウェイトを占めるクルマだけあって、私もホンダに対する思いが強くなっていた。

そんなときである。排ガス規制強化とともに軽自動車の排気量上限がそれまでの三六〇ccから五五〇ccへと上がることになった。一九七六年のことだ。

ホンダはＴＮ３６０という軽トラックを作っていたが、五五〇ccへとモデルチェンジして「アクティ」という新型車を発売するにあたって、その宣伝方法に頭を悩ませていた。

「何かいい方法ありませんかね、菅原さん」と、ホンダの宣伝担当者が私にそんな相談を持ちかけてきた。

「軽トラックは田んぼや畑で使うものだから、耐久性や使い勝手が重要ですよね。だったらそれで世界一周しましょうよ。世界一周しても壊れないほどの耐久性があることをアピールするんです」

私はそう提案した。もちろん日本レーシングマネージメントの仕事にもなるし、軽トラックで世界一周するという冒険にも興味があったからだ。

しかしホンダはさすがに世界一周にはアクティが耐えられないと判断したのか返事に鈍った。そこで条件をひとつつけた。

「世界一周旅行が成功したら公表して宣伝に使う。途中でクルマが壊れたら使わないことにしましょう」

そうして私はホンダからアクティを三台提供してもらった。

撮影は野町和嘉に依頼した。サハラ砂漠をはじめとして北アフリカや中近東の荒野の風景をテーマに写真を撮っているフォトグラファーで、彼が撮影のサポート車としてホンダから真っ赤なアコードを借りてきた。

するとホンダから「パキスタンからポルトガルまで、アジアとヨーロッパを横断する旅程にしてほしい」とリクエストが来た。私は二つ返事で了承して、計画を練った。

走行ルートはいくつか考えられたが、最終的に私が選んだのはこんなふうに国を越えていくルートだ。

①パキスタン→②アフガニスタン→③イラン→④イラク→⑤クウェート→⑥サウジアラビア→⑦ヨルダン→⑧シリア→⑨トルコ→⑩ギリシャ→⑪イタリア→⑫フランス→⑬スペイン→⑭ポルトガル

当時も中東の情勢は決して安定していたわけではないが、それでも現在よりは全然ましだ。今ならイランやイラク、シリアやヨルダンといった国は入国すら危険だ。アジアからヨーロッパを横断するこの冒険旅行は一九七七年十月から翌年一月にかけて行ったのだが、二十一世紀の今となっては不可能なルートになってしまった。

私はそれまでにヨーロッパやアメリカでクルマを走らせた経験があった。それでも二万キロメートルに及ぶ長い距離を走ったことはなかったし、これほど多くの国を越えたこともなかった。

もちろん国をまたぐたびに言葉も変わる。

しかし私はそこには不安はなかった。仕事のための取引をするならともかく、旅行するだけなら言葉はあいさつ程度を覚えておけばどうにでもなるものだ。私の外国語は英語を少し話せるくらいだったが、それまでの海外旅行で多少の不便はあったものの、不安を感じたことはなかった。


日本人にとって、海外では当たり前だが国内で体験できないことの大きなひとつが、陸路で国境を越えることだ。

当時はＥＵ（ヨーロッパ連合）もなかったから、フランスからスペインへ渡るのですら国境を越えるための手続きがあり、手間も時間もかかるものだった。しかしそれが国を越えるということであり、私たち旅人にとっては言葉と通貨が変わり、垣間見える人々の生活、服装、顔つき、文化習慣が変わる境界線だった。

日本という一つの国しかない島に生まれて育った私にとって、それは非常に、まさしく非常に刺激的な体験だった。

　そしてこれはほぼすべての日本人にとっても同じことなのだ。

　そんな時代に、三台のアクティと一台のアコードで十四カ国もの国々を越えつつ、二万キロメートルに及ぶ旅をした日本人もいなかった。しかもこれほど大掛かりで、冒険的要素が強い旅行にもかかわらず、旅行代理店も通さず日本レーシングマネージメントだけでやりきった。四カ月に渡る旅の一日一日も冒険だったが、旅行計画そのものも冒険といえるものだったのだ。

　パキスタンの南部、アラビア海に面したカラチという町を出発して、ポルトガルの首都であるリスボンまで行く旅、ということは決まっている。その間の距離はどのくらいあるのか。どんな道があり、どのようにルートを作れるのか。一日にどのくらいの距離を走れるのか。旅は何日かかるのか。

　旅行計画を作るにあたってまず必要なのは、すべての国の道路地図だった。しかしフランスやイタリアといった日本でも馴染みのある国ですら、現地の道路地図を日本で入手するのがむずかしい。出発地のパキスタンをはじめとする中東の国々となると、ますます入手困難だ。

そこで私がひらめいたのが自衛隊だ。任務の性質上、諸外国の地図は必需品だからだ。そこで自衛隊の広報に連絡して地図の提供を依頼したのだが、機密保持のためかにべもなく断られた。

もうひとつ、諸外国の地図を所有しているのはタイヤメーカーだ。車での旅行を推奨するために地図を出しているからで、私はまずミシュランに問い合わせると、ヨーロッパ各国の地図は持っていても、残念なことに私たちが欲しい中東の国々の地図を持っていなかった。出だしから暗礁に乗り上げたかに思えたが、ブリヂストンに問い合わせたところ、通過予定十四カ国分すべてではないにしろ、大部分の地図が揃っていたのである。

そのおかげで私は意気揚々と旅行計画を練りはじめた。

パキスタンからポルトガルまでの地図をつなぎ合わせてみると、間違いなく道路はつながっている。国境を越えるためのルートも見つかった。

ルートを作りながら距離を足していくと、だいたい二万キロメートルあることがわかった。あとは一日に何キロメートル走れるのかを見極めれば、カラチからリスボンまで何日で走破できるのかがわかる。

旅程の中でひとつだけ、私にはやりたいことがあった。オードリー・ヘップバーンの映画になぞらえて、ローマでの滞在は休日にしようと考えたのだ。しかも一月一日の元旦。正月はローマでゆっくりと旅の疲れを癒やそうというわけだ。

何しろ十四もの国々を越えていく旅だから長期間になるし、ギリギリの旅程を組んでしまうと命取りになる。まずは日程にゆとりを持たせておかないと、旅程全体がギリギリになってしまい、体力気力が持たない。スケジュールどおりに走ろうとして焦ってしまうし、それが事故やトラブルを招くことになる。

そこで私は、一日の走行距離は二〇〇から三〇〇キロメートル程度を上限にして、アベレージ（速度）は時速八〇キロメートルを目安にした。これなら一日のうち四時間も走り続けられれば、その日の目的地に到着できる。これを八時間みっちり走行しなければ目的地に辿り着けないような計画にしてしまうと、必ず破綻してしまう。

それに走行速度が時速八〇キロメートルを超えると、単純に危険度が倍増する。少しゆっくりと感じるスピードでトコトコと走っていけば、通行人が飛び出してきても止まれる、あるいは避けられるまでブレーキを利かせることもできるのだ。

そのあたりの感覚は、大学時代のラリーや小樽までの帰省、ドライブ旅行をこなすうちに自然と身についていた。

基本的には宿泊はホテルを利用するが、ホテルを取れない場合や町や村まで辿り着けない非常事態に備えてテントや寝袋も必要だ。キャンプをするなら食料を運搬しなければならず、灼熱の砂漠や荒野を走るのだから保冷車も必要だ。

陸路で国境を越える経験は私にもなかったが、海外旅行経験はそれなりにあった。旅行計画もほぼ万全に作れて、準備も整った。

写真撮影は野町とその友人。二人がアコードに乗り、三台のアクティにそれぞれドライバーとナビゲーターが乗車するから、キャラバン隊は八人だ。私は彼らとともに自信を持ってパキスタンへ渡ったのだが、実際に行ってみるとやはり苦労は多かった。

まず出発地のパキスタンでは、持ち込んだ食料が税関で止められた。もちろん腐敗する生モノは持ち込んでいないし、パキスタン国内で消費する予定もなかった。そのまま国外へ持ち出すだけだ、と私は主張して税関に何度も交渉した。

すると「わかった。おまえを信用する。その代わりに税関職員が国境まで行く飛行機代を払いなさい。食料を入れたアルミバンは封印するから、国境で職員が封印を破っていないか確認する」ということになった。

食料で税関に引っかかったのはパキスタンだけで、アフガニスタン以降は何も言われなかった。私たちは毎日米を炊いて料理を作り、胃袋を満たしながら西へと進んだ。

同行していた若いスタッフに五万円程度の現金を渡していたところ、ある町の夜、「高いレートで両替する」と寄ってきた男の話に乗ったら全部偽札だった、という事件もあった。トラブルらしいことといったらその程度のことで、チームメンバーに病気も怪我もなければ、アクティも故障することなく旅は進んだ。むしろ逆に私たちがホンダのメカニックとなって旅行中の日本人のホンダのバイクを無償修理したこともあったくらいだ。

話を聞いてみると彼のクルマが不調というので、キャブレターをオーバーホールしたら直ったのである。

カラチからリスボンまでの二万キロメートルを、ホンダの軽トラックで走破するという冒険旅行は無事に終わった。アクティの耐久性も証明できたし事故もなかったことに、リスボンで迎えてくれたホンダのスタッフも驚くとともに大いに喜んだ。

排気量が上がったとはいってもたかだか五五〇ccで、大型バイクよりも小さいのである。しかもルートには未舗装路も多く、常に強い振動にさらされるから、ボディやサスペンションにかかった負荷は決して小さくない。そんな過酷な環境の中で二万キロメートルをトラブルなく走りきったのだから、アクティの完成度はずば抜けていた。

そしてもうひとつ素晴らしかったことは、四カ月に及ぶ旅程を一日の狂いもなくこなせたことだ。ブリヂストンに提供してもらった地図の精度がよかったからルート作成をしやすかったこともあるのだが、私自身まったくズレることなく旅を終わらせることができるとは思っていなかった。

カラチからリスボンまでの旅は、アクティの宣伝を兼ねた冒険旅行だったが、今考えてみれば私が私のために企画して走破したプライベートなラリーだったともいえる。

富士山登頂に続いて成功したこの挑戦も、やはり私の血となり肉となった、クルマを走らせて長大な距離を確実に移動していくという、ラリーの原理に対する自信を強くし、さらに大きく、そして深めてくれたのである。

カラチ―リスボンの旅を終えて数年経った頃、堀ひろ子からひとつの相談を受けた。彼女はバイクで世界一周をしたり、女性として初めて鈴鹿四時間耐久レースに出場したりと活躍している人で、バイク雑誌にとどまらず世間から広く注目を集めていた。そんな堀は、日本レーシングマネージメントに勤めていたこともあり、私とは旧知の仲だった。

堀の相談事というのは、スズキのＤＲ５００でサハラ砂漠を縦断する冒険旅行へ出発するのだが、サポートしてくれる人を探しているという内容だった。サハラ砂漠縦断に挑戦するのは堀の他にもう一人、今里峰子という女性のバイク乗りだ。

彼女たちの他にサポートカーの運転に加えて、バイクとクルマの整備できる人材が必要で、適任者を紹介してほしいというのだ。さらに記録とレポート作成用に必要な写真を撮れるカメラマンも欠かせない。

私が候補に挙げたのは、子連れ狼を一緒にはじめた浅賀敏則だ。彼は私と同時期に富士スピードウェイでレースをしていた男で、その後イギリスから陸路でインドまで自動車で走破するという冒険を成功させたこともある強者だ。もちろんバイクの運転も整備もできるから、浅賀が最適だと考えた。

そう答えると堀と浅賀は顔見知りというから、なおのこと都合がよかった。

サポートカードライバー兼メカニックは決まった。もう一人はカメラマンだ。写真を撮れるのは当たり前だが、やはりクルマやバイクを運転できることが条件だ。しかもサハラ砂漠を走らなければならないから、それなりのドライビングテクニックも持っていなければならない。

私は候補者を探すため少し時間をもらって適任者を探した。しかし経験や技術に問題はなくても、サハラ砂漠を縦断するとなると候補者は激減した。それだけの長期間、海外へ出張するのも簡単なことではないし、何しろ命の危険もある冒険だ。

数日間、候補者を探して当たってみたが、つまるところは私が最適という結論になった。風景写真をやっていたからカメラマンとしての適性もあるし、ラリーやサーキットレースで培った運転技術に加えて、カラチ—リスボンで砂漠や荒野をクルマで走った経験もある。

堀にそう答えると、彼女も「そうしてもらえると助かります」との返事で、堀ひろ子と今里峰子のサハラ砂漠縦断旅行は、浅賀と私を加えた四人のチームで挑むことになった。

出発は一九八二年四月だった。私たちはパリを発って南下した。ヨーロッパからアフリカ大陸へ渡るには、マルセイユから船に乗ってアルジェリアのアルジェへ渡るルートが一般的だ。しかし旅費を抑えるため、もっと安い航路を使う計画だった。

マルセイユを通過してさらに南へ進み、スペインのアリカンテの港町へ行くと、乗るはずだった航路は季節便ということがわかった。しかも四月には運行していなかったのである。仕方なくその町で一泊して、翌朝マルセイユへ戻ってフェリーに乗船した。

アフリカへ渡った後も苦難は続いた。

その後何度もアフリカへ行ってサハラなどいくつかの砂漠を経験してあらためてわかっ

たのだが、四月や五月のサハラは非常に過酷で危険なのだ。気温が五〇度以上になるのは当たり前で、日が昇って午前七時になるともう暑く、身体がだるくて動かない。バイクを走らせるのも危険なほど高温になるのである。

だから午前中から夕方までは移動することができず、タープを張って作った日陰に避難し、日が沈んで気温が下がるのを待った。

タープを張ったからといって安心なわけではなく、ときには竜巻のような強風に見舞われた。飛んでいきそうになるタープを押さえ、竜巻が通り過ぎるまでひたすら耐えることもあった。

そうして気温が下がって行動できるようになるのは午後五時くらいから午後八時までの三時間ほどで、その間にバイクを走らせて距離を稼ぐ。そんな日々が続いた。

ただでさえ当時の日本は男性社会が根強かったが、その中でもバイクの世界は男だらけだった。そんな世界で堀が大型バイクを走らせ、鈴鹿のスプリントレースや耐久レースに出場すれば否が応でも目立つし、世間の注目を一身に浴びる。

彼女自身、バイクが好きだったのだろうし、乗りたいからバイクに乗り、やりたいからこそレースをやってきたのだろう。大型バイクに乗ってレースをするということは、誰かにやれと言われたところで簡単にできることではない。

　バイクが好きだから自分の意思でレースをしたし、世界一周もした。しかしそうして世間の注目が集まるほど、堀はプレッシャーも感じていたのだろう。それまでは好きで乗っていたバイクだが、好きだけでは収まらなくなってくる。自由意思ではなく、義務に似たものが彼女を動かすようになる。

　何かをやらなければならない。まわりの期待に応えなくてはいけない。大きな挑戦を成功させなければならない。そんな気持ちが彼女をサハラに向かわせていた側面はあったはずだ。

　サハラ砂漠縦断については、堀が書いた『サハラと私とオートバイ』という本に詳しく書かれているからここでは詳細を省くが、そこに書かれているよりもこの旅はつらく厳しく、過酷だった。

　ともあれ、八〇〇〇キロメートルに及んだサハラ砂漠縦断の旅を終え、私たちは心身ともに疲労困憊しながら帰国したのだった。

　サハラ縦断に出発するよりも少し前、私は「パリ―ダカールラリー」という競技があることを知った。一九七八年十二月に第一回が開催されたラリーで、その名前のとおりパリを出発してアフリカ大陸に渡り、セネガルの首都ダカールを目指すラリー競技だ。ルート大部分はサハラ砂漠で、アフリカ大陸の左肩をなぞるように走る。

日本からは一九八一年に横田紀一郎たちがランドクルーザーで出場し、時間外ながらも完走。翌年には内田正洋がカリーナ１５００で出場して総合三十四位で完走。二輪部門では、風間深志と賀曽利隆が、堀ひろ子のサハラ砂漠横断と同じスズキのＤＲ５００というバイクで出場し、加曽利はリタイヤしたものの風間は総合十八位で完走を果たしていた。

ある人に言われて調べてみると、サハラ砂漠横断旅行で通ったルートとパリダカのルートが、一部重複していることに気づいた。なるほど、サハラ砂漠のあのルートなら実際にクルマで走ってきたわけだから様子はわかるし、彼女たちのピンチヒッターとして何日かバイクを走らせたこともある。クルマであれバイクであれ、サハラ砂漠を走破する自信がある。

パリダカに対する私の興味は、俄然強くなった。

かつてはサーキットをぐるぐると回るだけのレースに夢中だったが、それでも長く走っていたいという気持ちがあったから、私はスプリントレースではなく、長い距離と時間を走る耐久レースに出場していた。

しかしパリダカのようなラリーは、スタートからゴールまで一万キロメートルくらい走らなくてはならないし、いくつもの国を越えて走っていった先がゴールだ。カラチ―リスボンの二万キロメートルの旅、八〇〇〇キロメートルのサハラ砂漠横断を成功させてきた私にとって、パリダカほど好奇心と挑戦心をくすぐるレースはなかったのである。

その好奇心と挑戦心を後押ししたのは、富士山バイク登頂だった。日本一高いところまでバイクで走ったのだ、という実績が自信を固めた。

四輪で出場したかったが、車両代から改造費、輸送費まで考えると資金が足りない。しかしバイクならなんとかなる。私はホンダに相談に行った。

「写真を撮ってきてくれるのならバイクを用意しますよ」

何に使うための写真を撮るのかの説明はなかったが、パリ―ダカールラリーとはどんな競技なのか、その雰囲気が伝わるものであればいい、という。

いずれにせよ、サハラ砂漠をクルマとバイクで横断しながら写真を撮ってきたのだから、撮影にも自信がある。

これでパリダカに出場できる目算が立った。

私は子連れ狼のメンバーの丸山澄秀と阿久津豊を誘い、三台のホンダでパリダカにエントリーした。バイクは丸山がXL250R、阿久津と私がXL400Rで、砂漠で燃料切れしないための大容量ガソリンタンクや非常用の飲料水を入れるタンクなど、ラリーの規定に沿いつつ必要と思われる改造を施した。

そうして万全と思える準備をし、私は一九八三年一月に開催された第五回パリ—ダカールラリー臨んだが、初めてのパリダカは苦労の連続だった。

レギュレーション（ラリーの規則）に目を通してはいたものの、すべてを把握できていたわけではなかった。パリを出発してからマルセイユまで、ヨーロッパを走っている間は荷物を運ぶためのサポートカーをつけていいことを知らず、私はバイクに予備パーツや工具、救急道具や非常用道具など、すべての荷物を積んでスタート地点に立っていたのだ。

スタート直後には、観客の前をぐるりと走って回るプロローグがあることは知っていたが、ぐるりと回った後はまた同じ場所に戻ってくるのだろうと思い、スタート地点で荷物を下ろそうとした。すると運営スタッフに「あんた、何をしているんだ」と注意され、そこには戻れないことがわかった。

私は三十六番のゼッケンをもらっていた。呼ばれたらわかるよう、燃料タンクの上にマジックインキで「トラントシス」とフランス語をカタカナで書いておいた。しかしヒアリングができないから、自分のゼッケン番号を呼ばれても気がつかない。するとそばにいた人が、「あんたの番だ」と教えてくれた。

しかしレギュレーションを把握していないせいで、私はものすごい量の荷物をバイクに積んだままプロローグをこなし、パリを出発することになった。しかも写真を撮らなくてはならないから、首からはカメラをぶら下げている。ラリーというよりは世界冒険旅行に出発する格好だったが、その頃のパリダカは今のようなスピードを争う競技というより、まさしく国を越えてサハラ砂漠を旅する冒険だった。

それでも私のように大荷物を満載して、カメラをぶら下げたエントラントはいなかった。

マルセイユから船に乗ってアフリカ大陸へ入ると、運営スタッフが私を名指しして「身の安全を守るための非常食や道具は持っているか」と言い、荷物をバイクから下ろして全部開けて見せろと言う。まるで警察の取り調べのようなことを要求してくる。これだけの大荷物を全部下ろしてバッグの中身を全部出せとはなんて意地悪なことを言うのか、とそのときは思った。

彼は万が一のことを考えた親切心でやってくれているのだが、そのときの私にはそこまで考えられる余裕もなく、腹を立てながら荷物を下ろした。しかもその男は、パリダカの発案者であり、主催者でもあるティエリー・サビーヌだったのだから、初めての出場で知らなかったとはいえ、今考えれば笑えるほどおかしな話だ。

ラリー開始から四日目。四〇〇ccに乗っていた私は、二五〇ccに乗っている丸山を先導するかたちで土漠を走っていた。すると後ろから追いついてきたライダーが私に向かって何か言いながら、後方を指さしている。何のことかと思いバックミラーを見ると、丸山がいない。安否確認したいが、コースを逆走することは禁止されている。バイクを止めてしばらくその場で待ってみたが、丸山が来る気配がない。

私はコースを外れ、道のない土漠を戻った。すると丸山が転んで倒れているではないか。幸いなことに丸山に怪我はなく、バイクを起こすと、「俺が走った跡をぴったりとついてくるように」と丸山に伝えて再出発した。

しかし悲劇に見舞われたのは私のほうだった。

干上がった川にさしかかったとき、乾いてカチカチに固まった細かい砂地を避けようとしたところ、前輪が草地に乗ってしまって滑り、バイクごと横倒しになってしまった。運が悪いことに右足がバイクと岩の間に挟まってしまい、猛烈な痛みが足を貫く。

すぐ後ろを走っていた丸山がバイクを起こしてくれる。しかし足の痛みがひどくてエンジンをキックスタートできない。仕方なく丸山にエンジンをかけてもらって再スタートしたが、右足の痛みのせいでリヤブレーキすら踏めない。それどころかステップから伝わる振動が痛みを倍増させるため、右足をずっと浮かせていないとならない。

必然的にシートに腰を下ろしていないと走れないから、スピードも出せずにペースが落ちた。気持ちは焦るがどうにもならない。そのうちに日が沈んで夜になると、あたりは真っ暗になった。バイクのヘッドライトを頼りに走るが、それでも目の前が見えない。路面が砂なのか乾いた土なのか、平らなのか凹凸があるのかもわからない。まぶたをカッと開いて目の前に流れてくる路面をにらみながら走り続けていたが、砂に前輪をとられてバランスを崩してしまった。右足をかばうべく左側へ倒れようとしたのだが、それすらできず、あえなく右側に転倒してしまった。バイクに挟まれた右足に猛烈な激痛が走った。

これは後で診察を受けたときにわかったのだが、一度目の転倒で骨にヒビが入る圧迫骨折を起こしていた右足へ、二度目の転倒が追い打ちをかけてしまい完全に骨折してしまったのだ。

痛みは激しくなるいっぽうだし、動かすこともできない。二進も三進もいかなくなり、私はリタイヤを決意した。一人では走れないと丸山もリタイヤすることになり、その場で一晩を過ごした。

翌朝、ひと組のエントラントが「困っていることはないか」と声をかけてくれた。フランスからやってきた恋人同士で、彼らはトヨタに乗って出場したのだがやはりリタイヤしたという。しかし彼らのクルマは走れるので、丸山と彼氏がそれぞれバイクに乗り、彼女はトヨタを運転してアルジェまで戻ろうと提案してくれた。

私たちはありがたく彼らの親切に甘え、丸山はパリまで戻った。聞けば、彼女はフランスの大手ライター製造会社ビックの社長の娘で、パリにある邸宅はすばらしく広くきれいだったそうだ。丸山はそこで三日ほど世話になってから、東京へ帰った。

パリへ戻る彼らを見送った私は、到着した救急部隊の治療をその場で受けた。骨が折れた右足に包帯を巻かれる。添え木もせずに包帯だけ巻くのかと思っていると、彼らはそこへじゃぶじゃぶと水をかけた。すると包帯が石膏のように固まり、私の右足はがっちりと固定された。日本ではそんな包帯を見たことがなかったから驚いた。

その後、救急用民間航空機に乗せられてパリまで戻り、市内の病院に入院となった。聞いたところによればアメリカの企業が経営する病院で、フランスで一番評判がいいのだという。

入院したのは四人部屋だった。すると翌日、私だけ朝食が出ない。これはきっと手術を控えているせいだと思い、看護士に尋ねてみるとそのとおりだと言う。

いくらフランスで一番の病院だといっても、手術をするなら帰国して日本の病院で受けたい。それに滞在期間が延び、帰国が遅れることが嫌だった。フランス語を話せないから、英語と日本語でそうまくしたてていたら日本大使館から外交官が三人もやってきた。彼らに事情と要望を伝えると、病院の担当者にそれを通訳してくれ、私はなんとか帰国できることになった。

ただし、退院するなら化膿止めの薬を自分で皮下注射しろと医者が言う。そのくらいならたいしたことない。私は医者の目の前で皮下注射をしてみせて安心させ、退院することができた。

大使館を通したおかげで、病院から空港まではクルマで送ってもらえたうえに昼には弁当まで出してくれたし、空港では日本航空パリ支店長が対応してくれてラウンジを使うこともできた。機内の席はエコノミーだったが、それでも快適に、安心して帰国できたのはありがたかった。

出発前にホンダから依頼されていた写真は、何に使う写真かを知らないまま撮った三十六枚撮りフィルムを五本ほど渡した。砂漠に止めたバイクの向こうに沈む夕陽とか、砂丘を駆けていくバイクとか、そういう写真だ。そしてそのうちの数枚が、同年三月に発売されたＸＬ１２５Ｒパリ・ダカールという新しいバイクのカタログに、イメージカットとして使われた。

まさかそんなすぐに発売されるバイクのカタログに使うとは思ってもみなかったが、パリ・ダカールと銘打ったバイクのカタログにはぴったりの写真だった。

ホンダの依頼にはしっかりと対応できたものの、私のパリダカ初挑戦は、転倒して骨折、リタイヤという結果で終わってしまった。

だが、もちろんこれで終わらせるとは微塵も思っていなかった。

パリでスタート地点に立ったとき、私はこう思ったのだ。

「十年やらないとダメだ」

私はこのとき四十一歳だったから、少なくとも五十歳を超えるまではパリダカに出続けようと決意した。

まずは競技中に必要な最低限のフランス語を覚える。できれば他の競技者から情報を得られるくらい日常会話ができるほうがいい。

レギュレーションを理解して、わからないことや知らないことをなくす。緊急事態に対応できるだけの準備をする。

そうしてパリダカの雰囲気に飲まれないようにしたうえで、きっちりと走れるスキルを身につける。もちろんバイクの準備も抜かりなくやらなくてはいけない。

石の上にも三年というが、それでは全然足りない。十年かかる、と直感した。

あくる年の一九八四年もホンダＸＬ４００Ｒでパリダカに出場した。前年の反省を踏まえ、バイクはさらに改良を施した。日没後も安全に走れるようヘッドライトを増設して二個とした。エンジンを冷やすためのオイルクーラーもつけた。逆に、極寒の中を走るパリからマルセイユまでのリエゾン（移動区間）のためにハンドルカバーをつけた。バイクの受け取りや改良作業は、ホンダのベルギー工場を使わせてもらったのでスムーズだった。

前年、荷物で苦労したので、予備のエンジンやパーツ、工具一式を載せたデリカを一台レースに参加させることもした。

それでも私と丸山は二年連続リタイヤとなってしまい、悔しさを噛みしめる結果で終わった。子連れ狼のメンバーである横川啓二が、XL250Rで出場して総合四十二位、クラス優勝という立派な成績を残せたのは同じチームとしてうれしいことだったが、リタイヤの悔しさを際立たせもした。

バイクでの連続リタイヤの影響もあり、私の中では「クルマでサハラ砂漠を走りたい」という気持ちも大きくなっていた。一九八五年、私にとって三度目となるパリダカは、四輪クラスでの出場も模索した。

私が考えていたのは、カラチ―リスボンを成功させたアクティだ。しかし五五〇ccしかない小さなクルマだから、サハラ砂漠を本当に走破できるのかに不安があった。そのため、まずはファラオラリーに出場してアクティの走破性を確かめることを思いついた。

ファラオラリーは一九八二年からはじまったラリーで、エジプトでの一国開催、スタートとゴールはギザのピラミッドの前という形式だったが、開催時期が十月のため、パリダカの前哨戦とするのに最適なラリーだったのだ。

ちょうどその頃、私がパリダカで右足を骨折したときに助けてくれたフランス人メカニックが来日し、私の家に泊まることになった。そこでアクティを一台用意して彼を千葉の砂丘に連れ出し、テスト走行してもらった。

「このクルマは四駆だけど、ハイとローの切り替えはない。どうだろう、サハラを走れるかい？」

「大丈夫だろう。まずは一緒にファラオラリーに出よう」

そんなふうに話がまとまって一九八五年、私たちはアクティでファラオラリーに出場した。五五〇ccながらもアクティはピラミッドを背に砂漠を快走してくれて、日本人初出場ながら無事に完走。私は最小排気量完走賞をもらうこともできた。

しかしファラオラリーで走る砂漠のルートは砂丘が少なく、比較的平坦だ。それでもアクティはかなり苦戦し、登れない砂丘もいくつかあった。アクティではパリダカは無理だろうと私は結論した。

ちょうどその頃、俳優の夏木陽介と知り合った。彼は大のクルマ好きで、ラリーにも興味を持ちはじめていたときだったから、「パリダカをやってみたい」と相談を受けた。

彼はトヨタ・チェイサーのテレビコマーシャルに出演していたから、私はトヨタに話を持ちかけた。しかしトヨタからは横田紀一郎がランドクルーザーで出場していたし、チェイサーはラリーに不向きという理由で話はまとまらなかった。

するとある日、三菱から電話が来て、本社に呼び出された。行ってみると夏木がいて、今度はパジェロのイメージキャラクターになるというのだ。

三菱はそれまでにセミワークスに近いかたちで、イギリス人ドライバーのアンドリュー・コーワンを起用してパリダカに出場し、無改造クラスで優勝するほど活躍していた。

「菅原さん。夏木さんのナビゲーターとしてパリダカに出てくれませんか」

三菱の担当者はそう言った。四輪でパリダカに出場したいと考えていた私にとって、ドライバーではなくナビゲーターではあるものの、渡りに船の話だ。夏木のおかげでシチズンがスポンサーとしてついてくれ、子連れ狼はチームとしても大きくなれた。

前年にバイクで出場したとき、私はデリカをサービスカーとして使った。今回も同じようにしようと考え、日本レーシングマネージメントのスタッフがデリカを走らせることにした。出場選手としてエントリーし、予備のエンジンやタイヤ、作業するための工具など、点検や修理に必要なものを積んで走るのだ。

しかしこれがうまくいかなかった。デリカはサービスカーとして夏木と私が乗るパジェロ、高橋曠とアラン・ジョセフが乗るもう一台のパジェロ、さらに子連れ狼として出場している四台のバイクをサポートするために走っているのだから、常に私たちの後方を走っていなければならない。チームにトラブルが起きたときすぐにその場に駆けつけて迅速に対応できるよう、ラリーにエントリーしているのだ。競技するためにエントリーしているのではないのだ。

それなのについレースに夢中になったのか、高橋のパジェロは我々のクルマを追い越してしまう。

私はきつく注意したのだが、それでもやはりサハラ砂漠でラリーをしていると競争心に火がついてしまう。デリカも制限時間オーバーでリタイアしてしまう。

何のためにサービスカーを用意したのかまったくわからなくなったが、そうなってしまった以上は仕方がない。残っているパジェロだけで走りきるしかないのだ。ニアメという町にパジェロを残し、夏木と私はダカールを目指した。

パジェロのエンジンを労りながら走り続けたが、あるときガツーンと大きな衝撃がきた。キャンプ地まではなんとか辿り着き、夜を徹して修理作業にあたったが直らない。そのまま朝を迎えてエンジンを始動してみると、大きな異音が止まらず、マフラーは真っ黒な煙を吐き出している。このまま先へ進んでも、間違いなく次の町やチェックポイントに辿り着く前にクルマが動かなくなる。

ダカールまであと九〇〇キロメートルを残して、私たちはリタイヤした。町の警察官を探してクルマを預かってもらう交渉をし、私たちは飛行機に乗ってダカールへ行くことにした。

しかし飛行機に乗せてもらえず、およそ九〇〇キロメートルをタクシーで移動し、そこからバスに乗り換えてダカール入りした。警察官に預けてきたパジェロは、三菱の撮影担当だったフォトグラファーのジョー・ホンダが使ったパジェロを借り、なんと九〇〇キロメートルほどを牽引してきた。

ゴールに着くと、グレース・ケリーの息子で、現在はモナコ公国の公であるアルベール二世がいた。視察や観戦などではなく、いちラリーストとして出場していて、夏木はアルベール二世を取材したがったがガードマンに阻まれて叶わなかった。

八〇年代のパリダカは、好奇心があれば誰でも挑戦できる冒険の舞台だったたし、自動車レースは貴族の嗜みというモータースポーツ黎明期の因習がそこかしこに残っていたのである。

そうして私の三度目のパリダカ挑戦は終わった。バイクで二度挑んで、二度ともリタイヤ。初めてクルマで挑戦したもののチームをうまく機能させられなかったし、完走も果たせなかった。十年やらなければダメだ、と考えてはいたものの、三年連続のリタイヤは堪えた。

結果を出せなかった私は翌年、夏木のチームから外された。夏木は篠塚建次郎とともにシチズンをスポンサーとして、新たに自分のチームを作って出場することになった。

私はゼロからのスタートとなった。スポンサーも見つからず、自費でパジェロを購入した。やはり前哨戦としてファラオラリーに出場後、一九八六年の第八回のパリダカに出場した。

しかし参戦体制としては決していいものではなかったこの出場で、私は初の完走を果たした。総合三十三位、マラソンクラス五位、ディーゼルクラス二位と満足できる成績だ。のちに破られてしまうが、総合三十三位はこのとき日本人最高位で、篠塚よりも上位でゴールできたのだからうれしい。

翌年から篠塚はトップクラスの常連となり、一九九七年には日本人初の総合優勝を果たし、名実ともにパリダカのトップドライバーになった。

しかしいくらいい成績を出せたといっても満足しきったわけではなかったし、十年やると決めてからまだ四年目である。まだまだ挑むことはたくさんあるし、なによりパリ―ダカールラリーという競技が楽しいいし、おもしろくてやめる気などさらさらない。

帰国後、私は三菱の販売店協会の会長に招かれて会議に参加した。そこには全国の三菱ディーラーのトップが集まっていて、「三菱販売店網として菅原さんを応援したい」と激励の言葉とスポンサーの申し出をもらった。パリダカで完走したことで、こうしたすばらしい話が持ち上がり、翌年のパリダカ出場が楽になる。ようやく悪循環を抜け出して好循環に入れた実感があった。

この会議でもうひとつ印象に残っていることがある。

私は初めて四輪でパリダカに出場した一九八五年以来、クルマの屋根に鯉のぼりをつけて走っている。チーム子連れ狼のクルマがサービスカーを含めて三台になったこともあり、チームのクルマだとすぐに判別できるよう目立たせたのがきっかけだ。外国人にとって「いったいこれは何だ？」という日本文化のひとつである鯉のぼりはけっこう好評で、私のトレードマークになりつつあった。

しかしその会議であるスポンサーが「遊んでる雰囲気みたいだからやめてほしい」と言ったのである。すると販売店の社長たちが一斉に反論した。

「すでに菅原さんのシンボルになっているし、菅原さんが遊び気分でパリダカを走っているなんて誰も思っていない」

そのおかげで私のクルマにはずっと鯉のぼりをつけている。

鯉のぼりについては、一九九〇年にもエピソードがある。この年にレギュレーションの一部が変更され、クルマの屋根には何かを積んだり装着したりすることが禁止された。私は鯉のぼりだけでなく、砂漠でスタック（タイヤが砂に埋もれて動けなくなってしまうこと）した際の脱出に使うサンドラダーを屋根に積んでいた。

そこで車検の前にサンドラダーを下ろし、鯉のぼりを外そうとしていると車検員が近づいてきてこう言った。

「それはスガワラの象徴だから特別に許す」

日本では規則は規則と杓子定規に判断するが、ヨーロッパやアメリカではスタッフの判断に委ねられる部分が大きい。もっとも鯉のぼりくらいであれば屋根につけていても危険ではないという判断があってこそだが、個人の裁量に任せて現場を動かすフランス人のあいまいさに感謝したし、おもしろいとも思った。

さらにおもしろいのは、鯉のぼりが他のエントラントを助けたことである。

ある年のパリダカで、数十台のクルマが行き先を見失って止まっていた。私はクルマを降りてバイクの轍を探した。バイクはクルマよりも先にスタートするので、彼らが走った跡を見つければいいのだ。

するとバイクの轍が近くの森へ続いている。私はまわりのエントラントにバレないようにこっそりとクルマを動かして森へ入り、正しいルートを走ってキャンプ地に辿り着いた。しばらくするとフィリップ・ボカンデという名のフランス人ナビゲーターが私のところへやってきて「ありがとう。スガワラのおかげで助かったよ」と言うのだ。私はフィリップにそんなことをした覚えがないのでキョトンとしていると、彼が続けた。

「君の鯉のぼりが森の入口にある木の枝に引っかかっていて、おかげで僕はルートを見つけることができたんだ。でも時間がなくて鯉のぼりを取ってこられなくてすまない」

そう言われて自分のクルマを見てみると、たしかに鯉のぼりは消えていた。レギュレーションで禁止されたはずの鯉のぼりが他人の役に立つのだから、世の中何が災いして何が福となるのかわからないものである。

一九八七年、五度目のパリダカもやはりパジェロで走り、北海道から沖縄まで、すべての三菱販売店の名称を車体に入れて走った。もちろん屋根には鯉のぼりをつけた。鯉のぼりはサハラの風を浴びて、意気揚々とアフリカの空を泳いだのである。無事に完走はしたものの総合八十七位と成績は優れず、最終完走者賞という喜んでいいのかわからない賞をもらったのだった。

# 4章　パリ―ダカール

パリダカに挑みはじめて四年目のとき、私はパリのエッフェル塔に近い場所に駐車場を借りた。シェパードを連れた警備員が二名、巡回している安心の駐車場だ。賃貸料は月額一万円ほどで、一年間借りてもおよそ十二万円だから格安だった。

そこへルノー5を置いてその中へ工具一式を保管した。

しかしルノー5は小さなクルマだから電動工具までは入れておけなかったし、ガレージではなく駐車場だから整備するためのスペースもなかった。タイヤ交換をするにしても、セーヌ川にかかる橋の下などの広い場所までクルマを移動させ、そこでやるような状態だった。

私の他には一人しかおらず、二名体制だったからできることは限られていたとはいえ、そんな状態ではパリダカで上位を狙うことはむずかしい。ひと通りの作業をこなせるスペースに電動工具やリフトなども揃えた、しっかりとしたガレージを確保しなければならないと感じていた。

しかしそうした工場をパリ市内に持つといってもそう簡単なことではない。これもやはり十年目を目標に完成させようと考えていた。

フランス語の習得とレギュレーションの理解も進めていた。しかし語学は独学では追いつかない。フランス語を覚えるなら、学校へ通うか、個人授業でも受けないとならない。しかしラリーで必要な会話ならフランス語をきちんと習得しなくても、ある程度英語を話せれば十分でもあった。フランスでは英語が第二言語でもあるし、フランス人が話す英語は日本人にとって聞き取りやすい発音というメリットもある。アメリカ人やイギリス人と英語で会話すると通じないことが多いのだが、フランス人やイタリア人とは通じやすいものなのだ。

専門用語が必要な場合、たとえばパリでガレージを借りるようなときは通訳を頼んだ。レギュレーションは毎年変更があるから、しっかりと事前に熟読しておく必要があった。しかしこれもフランス語だけでなく英語版もあったし、どうしてもわからない部分はやはり翻訳してもらってレギュレーションを頭に叩き込んだ。

知己の新聞記者の紹介で、『ＦＯＰ』というスポーツ雑誌がスポンサーになってくれることになった。おかげで資金繰りが楽になり、ただの駐車場だった拠点を、シャッター付きのガレージにすることができた。

ＦＯＰを発行していた企業の専務から、「娘にラリーを見せてほしい」と頼まれ、彼女をカメラマンとして義治が運転するプレスカーに乗ってもらうことにした。松本尚子という名の彼女は、それをきっかけにＦＯＰのカメラマンになったのだから、パリダカを経験するとやはり人生に何かしらの転機をもたらすのかもしれない。

プレスカーはルートのどこから撮影してもいいのだが、ドライバーの腕がよくないと一度しかシャッターチャンスがない。たいていはエントラントたちより先にスタートして撮影ポイントまで移動し、エントラントが走ってくるのを待つのだ。そうして写真を撮ったら、被写体を追いかけてルートを先へ向かう。

もしも被写体のクルマがトラブルで止まったりしたら、再度シャッターチャンスが訪れるが、順調に走り抜けてしまったらシャッターチャンスはもうない。キャンプ地でクルマの点検整備をしているところか、あるいはドライバーの表情を撮るくらいしかできない。

ところが、腕があるドライバーなら、ささっと写真を撮ったらすぐに移動して先回りすることもできるから、違う風景やクルマの向きの写真を何枚も撮れる。バリエーション豊かな写真を撮れるのだが、それにはドライバーがラリーストたちと同等、あるいはそれ以上のテクニックを持ってなければならないのだから、パリダカは出場して走り抜くのもむずかしいが、取材するだけでもなかなかむずかしいのである。

松本はその後、三年ほどプレスカーでパリダカを取材すると、「自分でラリーを走りたい」と言ってドライバーに転向した。一九九一年のパリダカにはパジェロを走らせてラリードライバーとして本格的なデビューを果たすのだ。残念ながらデビュー戦はリタイヤに終わったが、ファラオラリーでは女性だけでチームを作り、何度、も完走しただけでなく、女性部門で優勝も果たしているからたいしたものだ。一九九七年と九九年、二〇〇二年にはトラックで私のナビゲーターも務めて、私のドライビングを助けてくれた。

松本はフランス語でケンカできるほど語学が堪能だったから、その点でも大いに助けられた。英語で意思疎通はできるといっても、運営スタッフやエントラントたちはやはりフランス語を母国語とする人が多いからだ。

フランス語を話せると、意思疎通ができることの他にもうひとつ有利になることがある。それは人種差別である。

あからさまに罵られることは、それこそ喧嘩でもしない限りそうそうない。しかしちょっとしたことで差別され、それがレースを不利な状況に追い込むことはしばしばなのだ。

国境を越えるときのパスポートコントロールで私が並んでいると、あとから来て列の後ろに並んだ男が、私の頭越しにパスポートを前に送って順番を無視する。私はいつまで待っても順番が回ってこない。

給油のときも同様である。バイクで出場していた一年目と二年目のことだ。私のバイクの燃料タンクは三十七リットルしか入らない。だから給油はすぐに終わるのだが、四輪はそうはいかない。パジェロでも四五〇リットルも入るのだ。この量がどのくらいかというと、ドラム缶二本分だ。それだけのガソリンを給油するにはかなりの時間がかかる。とくに小さな村の一軒しかないガソリンスタンドなら、四輪が数台も並んでいたら、それだけで一時間や二時間のタイムロスになってしまう。

だからすぐに給油が終わるバイクは優先してくれるものなのだが、私には「一番後ろに並べ」と言うのである。

こうした差別も、十年やって結果を出せばなくなるものと信じていた。パリダカにおける市民権とでもいうべき実績を積み重ねていけば、差別されることもなくなる。

これは考えていたとおりになり、今では日本人だからといって差別されることはなくなった。それでも新しく出場する人に対しては冷たくあしらうことがある。そういうとき、私は主催者に苦情を言うようにしている。

そうなるまでには十年どころではなかった。トラックで十回完走したとき、十回出場のうち、二輪、四輪、トラックの全クラスに出場した人は私以外におらず、話題になった。

それからまわりが私を見る目や態度が変わった。

しかし完全に差別されなくなったのは、完走した回数が二十回を越えたころだったから、二十年以上かかったわけだ。

これまでにバイクで二度、クルマで七度、パリダカを走ってきた。四輪クラス最後となった一九九一年は、まさしく日本でパリダカブームが起きていたときで、日本人が二十四組も出場した。

それだけライバルが多かった年なのだが、日本人出場者の中で一番の成績で完走することもできたことは、私にとってうれしい出来事だった。しかも総合二十三位とレース全体の中でもかなりの好成績で完走できたのだからうれしい。

日本人ドライバーの数は、一九九〇年と一九九二年でそれぞれ二十二人を数えた。日本では八〇年代半ばからパリダカが注目されはじめ、日清食品がカップヌードルのテレビコマーシャルでパリダカの映像を使ったことで、モータースポーツファン以外の人も知るところとなった。

その影響で日本からの出場者が増えた。一九八九年の日本人出場者は私を含めて五組だったのだから、一気に四倍になったことになる。一九九三年からは減少しはじめ、南アメリカ大陸での開催になって以降では、競技性が強くなったこともあって、バイク・クルマ・トラックを合わせても十組を越えることはない。

一九九〇年から一九九二年までの三年間が、日本におけるパリダカのピークといえるかもしれない。同時に三菱自動車の強さも際立っていて、パジェロはパリダカ王者の常連だったし、日本国内でもパジェロは爆発的にヒットして販売台数を伸ばした。篠塚建次郎と増岡浩はその後に総合優勝を果たす名ドライバーになった。

パリダカブームは四駆ブームにつながり、さらにキャンプを中心としたアウトドアブームにもなった。

そして私のパリダカ参戦十年目を迎えたのも、この三年間でのことだった。

私がパリダカに出場しはじめて九年目。「十年やる」と決めて続けてきたパリダカだったが、いよいよ目標が近づくにつれてラリーを満足に戦える環境も整ってきたし、成績も伴ってきた。プライベーターがワークスに勝てないことは十分わかっている。その中で総合二十三位で完走し、日本のワークス陣を抑えて最高位を獲れたのだから、私としては思い残すことはほぼなくなっていた。

そういう積み重ねで迎える十年目。バイクで走りクルマで駆け抜けてきた。パリダカにはもうひとつ部門がある。それがトラックだ。私はパリダカを走る全部門を制覇して、きりのいいところでパリダカをやめようと考えていたのである。

そういう経緯があり、初出場から十年目となった一九九二年、私は心機一転も兼ねてトラックに乗ろうと決意したのだ。

私が乗るトラックはタトラというチェコ製の六輪駆動車で、友人が所有していたものを借りることになっていた。しかし前年からパリダカにワークスとして参戦していた日野自動車に相談してみたところ、出場するための条件さえ整えばオーケーという返事だった。条件というのは運転免許のことで、大型免許さえあれば日野のシートをもらえるという。

そういうことなら迷う理由はどこにもない。私はすぐに大型免許を取った。かつて高校生のときに試験場で落ちたことがあったが、あれから三十年ちかく運転してきた甲斐もあって試験はスムーズに進み、難なく免許を取得することができた。

実は日野自動車のパリダカ参戦にあたっては、日本レーシングマネージメントを介して進めてきた経緯がある。つまり一九九一年に日野が初参戦するときに、私が日野の参戦をマネージメントしたのである。出場するトラックの台数分のドライバーとナビゲーターを紹介して契約させたり、エントリー方法からトラックの輸送手続きまで含め、日本レーシングマネージメントが行ったのだった。

そのときにドライバーとして私も日野に関わってほしいという要望があったのだが、三菱とのプライベーター契約が残っていたため実現できなかったのだ。

それが一九九二年のパリダカを前にして三菱との契約期間が終わったことで、日野のトラックに乗れるようになったのだった。

私にとって十回目、五十一歳にして初のトラックでの出場となったパリダカは、第十四回にしてゴールがダカールではなく、アフリカ最南端の岬であるケープタウンとなった。アフリカ大陸を北から南へ、ほぼすべて縦断するのだ。政情不安による治安悪化などの理由で通過できないエリアがあったため、そこは陸路を避けてフェリーなどで海上移動した。それもほんの一部区間で、アフリカ大陸をほとんど縦断したのは、第十四回大会となったこの年だけだ。

また、直線的に南下していくため移動範囲は広いが総走行距離は約一万二〇〇〇キロメートルで、これよりも長い距離だった大会はいくつかある。こうしたところは毎年ルートを変えるパリダカならではで、ずっと継続して出場している私にとってもおもしろく、魅力となっていた。

この年は羽村勝美がナビゲーターを務めてくれた。初めてのトラックだから、私も事前の準備や情報収集は例年以上に抜かりなく行った。

同クラスのライバルには、ベルリーニというツーストロークディーゼルエンジンをミッドシップで搭載するトラックがいた。ミッドシップというのはスポーツカーに採用される車体構造で、前輪と後輪の中間にエンジンを配置するためバランスがよく、走行性能に優れる特徴がある。

さらにステアリング操作で前輪が動くだけでなく後輪もそれに合わせて動くため、コーナリング性能もいい。サスペンションにも高性能なものが採用されていて、まさしくレーシングトラックと呼ぶにふさわしいものだった。しかもそれが二台も出場するのである。

私と羽村は「なんとしてでも日野で勝とう。せめて一度だけでもSS（スペシャルステージ）で彼らよりも上につけてトップでゴールする」と決意を新たにして、パリダカのスタートに立った。

前半は初めてのトラックに苦戦した。それまで走らせていたパジェロよりもはるかに車体が大きい。ボンネットがないうえに運転席も高い位置にある。まるでパジェロのフロントバンパーのところに脚立を立てて、その上に乗って運転しているような感覚だ。

前輪と後輪の位置関係もなかなか把握できなかった。パジェロでは前輪と後輪の真ん中あたりに運転席がある。運転するときは前輪がどこにあってどの方向を向いているか、後輪はどのあたりにあって回っているか、地面に駆動力を伝えられているかを常に把握している。

しかしトラックは前輪のほぼ真上に運転席があり、後輪の位置ははるか後ろだ。トラックの長さは六メートルもあるから、後輪のがどのあたりにあって、どのくらい駆動力を生み出しているのかを掴むのがむずかしい。

それに加えてなにより車体が重い。砂がふかふかになるとどうしても車体が埋もれてしまうから、より繊細に走らせないとスタックしてしまう。

小さなクルマ、というよりは普通のクルマと比べると、トラックは曲がらないし止まらない。

車体が重く、大きくなると何もかもが違う。しかし日本では練習できる場所がないから、サハラ砂漠でぶっつけ本番なのだ。

パジェロで七年間やってきた経験が活きたのは言うまでもないが、二十代のときにサーキットでミニクーパーを走らせていた経験もかなり役に立った。なぜならミニクーパーというクルマは、速く走らせるのがむずかしいのだ。その理由はフロントが重いせいで、ハンドルを切っても曲がらないのだ。これをアンダーステアというのだが、ミニクーパーに限らず前輪駆動車（ＦＦ）に共通する特徴だ。

現在は各メーカーともいろいろな工夫をしている。クルマやバイクは前輪と後輪の荷重配分を五〇対五〇にすることが理想的なレイアウトのひとつといわれる。とくにクルマの場合は、後輪より後ろに重量物があると、コーナリング時にその部分が振り子のように作用してしまうため曲がりにくくなってしまう。

次男の照仁が現在のパリダカで走らせている日野レンジャーも前後輪の荷重配分には試行を繰り返していて、後輪がはみ出すくらいに車体後端を切り詰めたこともある。

エンジンが極端に前に配置されるトラックもＦＦの挙動に似ていてアンダーステア気味になる。そこに気づいてからはかなりトラックの走らせ方がわかってきた。

前半こそ苦労が多かったが、後半になるにつれてトラックの特性を活かしながら走れるようになってきた。トラックは車体が重いが、それだけタイヤに荷重がかかる。逆に考えればパジェロよりも駆動力をかけやすく、走りやすい場面もある。そこを見極められるようになるとスムーズに走れるようになり、後半ではずいぶんとトラックを思うように走らせられるようになった。

しかし車体が重いということは、登坂力は下がるのだ。もちろんトラックのエンジンは大きいし、低回転域でのトルクはパジェロよりも遥かに強い。しかし車重があるから相殺されてしまうどころか、坂道では重すぎて登らない。パジェロならギヤを下げることなく登れた砂丘も、トラックの場合はギヤをひとつ下げないと登っていかない。

そもそもトラックという乗り物はスピードを出すためのクルマではないのだ。その特性をしっかりと使わないとサハラ砂漠を行くラリーを走るのはむずかしい。

それでもトラックの挙動を完全につかめたわけではなかったし、慣れたとはいってもゴールするまで戸惑いは消えなかったし、試行錯誤の繰り返しだった。

そうした中、砂が深い砂丘の登り坂で日野から出ていた他のトラックを追い抜き、後半戦のＳＳで一位を獲ることができたのだ。

このパリダカのスタートは、ジャンヌ・ダルクが処刑された地として知られるフランスのルーアンという町で行われた。ＳＳでの日野のチームのドライバーは、私の他は錚々たる面子だ。中でもジャン・ピエール・ジュッソーは一九七八年と八〇年のル・マンで優勝した経験の持ち主で、前年も日野レンジャーを走らせたドライバーだ。

走行前、日野のスタッフは「日本人で大丈夫なのか」と心配を隠さなかった。創立五〇周年事業としてはじめたパリダカ参戦だけに、日野としては勝てるドライバーで挑みたい。私もサーキットレースやラリーの参戦歴は長いが、大きなレースやラリーで優勝したことはない。

しかしそのSSで私は一番時計を記録することができた。あとからプティというドライバーに抜かれてしまったが、それでも四人のうちの二番目だ。ジュッソーよりも速いタイムで走れたことに私は満足できたし、それは日野のスタッフにとっても同様だった。

一位でSSを終わらせることができたのは、エンジンが壊れないぎりぎりのところで回し続けたからで、粘りと忍耐の勝負といってよかった。登り坂が続く砂丘を辛抱強く走る作戦が功を奏したのだ。

ラリーの後半では「もうやめたほうがいい」。

羽村はエンジンブローを警戒して私を制止しようとしたこともあった。しかしここでやめたら一位を獲れるチャンスが次に巡ってくるとは限らない。ここが正念場なのだ。

「これくらいならまだ大丈夫。行ける。やるならここしかない」

エンジンの音の変化に耳を澄ませながら、私は慎重にアクセルを踏み続けた。そのうちに羽村の不安も自信に変わってきた。

「行きましょう。一等賞を獲りましょう！」

そうしてゴール寸前で前を行くトラックを一台追い抜いて、私たちはトップで走破できたのだ。

チャンスを逃さず、粘りで勝ち取った一位うれしかったし、私と羽村の大きな自信になった。もちろん日野のスタッフたちもこれには大喜びで「快挙だ」と称賛してくれた。そしてその日から日野のスタッフ陣が私たちを見る目が変わったのである。

そうしたこともあり、ラリーのゴールであるル・カップに着いたとき感慨は深く、味わいがあった。もう一台の日野レンジャーを走らせていたジョー・ソー／柴田英樹組に順位こそ譲ったが、総合三十二位、カミオン部門総合六位という成績は決して引けを取るものではなかった。

私もトラックを走らせたのは初めてだったが、日本人としてトラック部門を完走できたのも初めてのことで、やはりこれもうれしい結果のひとつだ。

十年間パリダカに出場してきた最後を締めくくるには最高のラリーになった……となるはずだったが、そうはならなかった。なぜなら、私はトラックのおもしろさに目覚めてしまったからだ。こんなに楽しくラリーを走れるなら、まだまだやめられない。それに好成績で完走できたとはいっても、トラックをもっと速く、そして確実にゴールまで走らせるためにできることがたくさん見つかった。それを実践して結果を出すまではやめられない。いや、たとえ結果が出なかったとしても、そこへ向かって挑んでいくことがおもしろいのだ。

ドライビングテクニックを高めるだけでなく、私は速くて丈夫で、パリダカで上位完走できるトラックを作ることにも興味がわいた。それまでもパジェロでさんざん苦労して改良を重ねてきたし、プライベーターながらもいいクルマを作れたという自負もあった。それをトラックでもう一度やりたいという衝動にかられたのだ。

「パジェロより速いトラックにしてやろう」

それが十年目のパリダカを走り終えたあとで、私が新たに立てた目標だ。私はクルマを走らせるのも好きだが、クルマを作ることもやはり大好きなのだ。

日野のトラックはパリダカに参戦して二年目だから、まだまだ改良の余地がある。速くて丈夫なトラックを作るための広い沃野が残っているのだ。いわばそれは未踏の地であり、まだ完成してない世界地図の空白部分を冒険する旅と同じことだ。

誰も見たことがない、やったことがないことに挑む。先人が残した足跡もないし、道を自分で見つけて切り拓いていくしかない。むずかしいからこそおもしろいのだ。

自転車で登った工場の前の坂道。大学時代の自動車部での活動。バイクで足をつかずに止まらずに登った富士山。カラチやサハラでの冒険旅行。そしてパリダカ。どれも「やろう」と決めたときにはゴールまでの道筋は見えていない。超えなければならない課題はいくつもあり、それまでは見えなかったものの、ひとつの課題を解決して初めて見える課題もある。何度挑んでも超えられない課題も出てくる。あまりの困難に、ゴールや目標に到達できると思えなくなるときもある。

だが、課題を一気に超えようとせず、一つひとつにじっくりと時間をかけ、知恵を絞って丁寧にあたっていけば解決の糸口は見えてくるものだ。困難だからと放置したり見なかったふりをしたり、ひとつ飛びにして一気に行こうとするとやはり失敗する。放置していた課題がより面倒なものになって後からふりかかってくる。

塵も積もれば山となるというが、小さなことをひとつずつ片づけていけばいい。階段をひとつ飛ばして上がるよりも、一段ずつ確実に上がり、そのたびに足場を固める。それはしっかりと自分を支えてくれる礎になるし自信となる。そうして繰り返していけば、スタート地点では見えなかったゴールは、確実に見えるようになるし、その足で到達することができる。

日本レーシングマネージメントでやってきた仕事も同じだ。企業を一軒ずつ歩いて営業まわりすることからはじめて、五十年経った現在では一〇〇社以上の企業が私の壮行会に集まり、協賛してくれるまでになった。

困難なことであってもひたすら前を向いて進み続けると、自分の能力も高まっていくし、それにつれて応援してくれる人や企業が増えていく。頭では考えていも身体を動かさなければ、まわりに伝わらない。動くことではじめて、まわりの人々も動いてくれるのだ。

初めの一歩というのはたしかにむずかしい。どちらへ向いて歩み出せばいいのかもわからないから足がどうしても重くなる。だが、まずは一歩踏み出してみて、それから考えればいいし、気持ちが向くほうへと歩みを続けていれば道ができていくし、どこへ向かえばいいのかも自ずと見えてくる。

ラリーという競技はまさしくそうしたことを実践する空間であり時間である。だから私はラリーが好きなのだ。

パリダカ出場を継続させると決めた一九九二年、私は五十一歳になっていた。五十歳をすぎてからパリダカという世界一過酷といわれるラリーを継続させることに、不安はいっさいなかった。とくに体力トレーニングをしていたわけではない。しかしパリダカの準備でトラックを整備するにはそもそも体力が不可欠で、それはラリーがスタートしても同様だ。ラリーに継続参戦するだけで、必然と体力トレーニングになっている部分もある。

そうはいってもとくにトレーニングと意識していないだけで、多少の距離の移動ならクルマに乗らないし、エレベーターを使わず階段を登ったりということも含めて、日頃から身体を使っていることも幸いしているのだろう。

そしてこの年、前年にソビエト連邦が政情不安になり共産党が崩壊、連邦を構成していた共和国が独立した。いわゆるソ連崩壊があったため、あるラリーが中止になっていた。フランスのパリから中国の北京までを走破するという壮大なラリー「パリ―モスクワ―北京ラリー」だ。

八カ国、一万六〇〇〇キロメートルを走破するこのラリーは、なんと八十五年ぶりに開催されるというのである。一九〇七年という自動車産業の黎明期にそんなラリーがあったことに驚かされる。調べたところによると、一位はおよそ六十日をかけてゴールしたが、二位は二十日も遅れてゴールしたのだという。

このラリーに友人が出場する予定だったのだが、ソ連崩壊によって中止になってしまったため、一九九二年に開催されることになった。私は前年から興味があってぜひ出場したいと思っていた。

しかしこのタイミングで日野がパリダカから撤退するというニュースが流れた。私は日野に直談判をし、「ワークス体制でなくてかまわない。クルマだけでもいいから貸してくれませんか。できればスポンサーもそのまま継続させてもらえると助かります」と頼んだ。

日野も私の願いを受け入れてくれ、アルジェリアに滞在していたメカニックを一人、ヘルパーとして出発前までつけてくれた。おかげで私はナビゲーターの羽村とともにパリに渡り、一カ月間トラックの整備をすることができた。

パリ―モスクワ―北京ラリーがスタートしたのは一九九二年九月一日だった。モスクワまではリエゾンで、ヨーロッパの国々をいくつもまたいで走っていく間は砂漠もなければ未舗装路もない。パレードのようなものである。しかしそれなのに、意外と楽しい。これからはるか彼方の北京まで走るのだ、と思うと気持ちが昂ぶってくる。

元ソ連となる独立国家共同体（ＣＩＳ）に入ると、荒野や砂漠を行くＳＳがはじまった。

カザフスタン、トルクメニスタン、ウズベキスタン、カザフスタン、キルギス、そして中国へと走っていく。中国では新疆ウイグル自治区も走ったし、タクラマカン砂漠も走った。国際ラリーでなければ外国人が走ることがむずかしい地域だけに、ラリーという競技以上の感慨がある。

いや、これこそがラリーだともいえる。ただ過酷な環境でクルマを走らせるというだけでなく、国を越え、文化を越え、さまざまな風習のなかで生活を営む人々と出会い、交流する。

一九〇七年にこのラリーが行われたのは、クルマという新たな文明の利器の可能性を試すものであったのと同時に、世界にはいろいろな人種がいて、それぞれに異なる言葉で話し、異なる文化と生活の中で生きていることを確かめるためのものでもあったはずだ。

ＣＩＳを通過するまで順調だったトラックは、中国に入ってからシャシーに問題が起きた。トラックは運転席の下にエンジンがあるから、整備するときのためにキャブ（＝キャビン。運転者や助手が乗る空間のこと）が跳ね上がるようになっている。その部分に故障が発生したが、手持ちの工具だけでは修理できない。

中国語はまったくわからないが、漢字の国だ。「汽車修理」と書かれた看板を掲げた工場を見つけるとすぐに飛び込んだ。

修理には溶接機が必要だった。機械は見つかったが、当てがねにする鉄の材料がない。この町に限らず中国のあちこちで鉄が不足しているらしく、入手困難なのだという。ないものは仕方ない。色々探していると、エンジン部分に使うクランクのメタルが見つかった。これを叩いて延ばし、材料として、なんとかシャシーの修理ができた。

これがトラブルとしてはもっとも深刻だったが、さらに危険なアクシデントもあった。休息日のとき、その町のガソリンスタンドがタンクローリーでやってきて給油できることになった。すると給油を受けたクルマがすべて不調になってしまう。パジェロもランクルも、そしてレンジャーもおかしくなってしまった。

これは何かがおかしいと調べてみると、軽油だと信じていたものが水だったのだ。どうやらタンクローリーの下の部分に水が溜まっていたようで、最初に給油したクルマには軽油が入ったものの、後から給油したクルマには水を入れられてしまったのだ。

私たちは三〇〇リットルも給油ならぬ給水をしてしまったわけだ。そこで近くの地面に大きな穴を掘ってそこへ三〇〇リットルの水を捨てた。

それからエンジンをチェックすると燃料噴射ポンプに水が入ってしまった。おかげでポンプの配管をすべて取り外して水を抜くはめになってしまった。

そのときにバッテリーにもトラブルが起きたのだが、これは予備を携行していたおかげで交換するだけで解消できた。このとき以来、私のトラックには予備バッテリーを搭載している。トラックは二十四ボルトのバッテリーを二個搭載するのだが、それを四個に増やし、いつでもすぐに切り替えられるようにしている。

トラブルやアクシデントが起きたときの対応も大変だったが、専属メカニックがおらず、ドライバーとナビゲーターだけで一万六〇〇〇キロメートルを走ることのほうが苦労が多かった。

その日のSSを終え、くたくたに疲れてキャンプ地に到着したら、すぐに作業着に着替えてトラックの点検整備をしなければならない。その間、ナビゲーターはブリーフィングに参加して明日走るコースの詳細を聞かなければならないから、点検作業をするのは私一人である。今でこそトラックの運転席をリフトアップするには油圧ポンプをモーターで動かすが、当時はそんな便利なものはない。スプリングの反力を使って浮かせるのだが、あまりに重いから一人では不可能だ。そばにいる他チームのスタッフなどに頼んで手伝ってもらい、なんとか運転席をリフトアップさせて、エンジンオイルやタイヤの交換作業をする。

それが連日続くと、さすがに疲労が溜まる。

しかしこれもまた考え方ひとつで、二人しかいないからこそラリーに集中できるという側面がある。今のパリダカではおよそ20人の大所帯になっている。そうなると当然、チームを牽引する者としての責任が生じてくる。たとえば誰か一人でも体調不良になったり、病気に罹ったりすることもあれば、人間関係を良好に保つための工夫にも知恵を絞らなければならない。常にチーム全体を見渡して、問題のタネがないかをチェックすることが必要になってくる。これはこれで大きな負担で、必要最低限のスタッフがそれぞれの役割と仕事をきっちりとこなすチームが理想的だ。

そうしたことを踏まえると、チームスタッフは少ないほどいい。ドライバーとナビゲーター、そして点検整備や修理を安心して任せられるメカニックが二人。これくらいならドライバーもナビゲーターもSSに集中できるし、余計なことを考えずに済む。

とはいえ上位を狙うとなるとどうしてもスタッフは増えるしチームは大きくなってしまうのが歯がゆい。

しかし十一年目となった一九九三年のパリダカは、湾岸戦争が引き起こした原油価格高騰、バブル景気の崩壊などによる経済的ダメージのため、日野自動車がワークス参戦から撤退した。そのため私は再びプライベーターとしての出場となったが、怪我の功名とでもいうべきか、チームは私の他はナビゲーターの柴田英樹、メカニックに亀田次男と矢口義光という四人体制を作ることができた。

さらに日野は撤退はしたもののトラックを用意してくれることになり、一九九五年までの三年間は順調にキャリアを重ねられたし、トラックの改良も進んだ。一九九四年と一九九五年は連続してカミオン部門総合二位を獲ることができた。これは国産トラックメーカー初の準優勝だ。また、一九九四年は私にとって最高位となる総合十五位でゴールすることもできた、記念すべき年でもある。

この年のパリダカは、パリを出発してダカールへ行き、またパリへ戻るというコースが設定されていた。なぜならアルジェリアが政情不安のためラリーの安全な運営がむずかしいと判断されたからだ。

以前からラリー用のクルマが盗難破損の被害に遭ったり、強盗に襲われたこともあった。一九九一年にはモーリタニアを走行中のアシスタントトラックが地雷を踏んでしまい炎上、ナビゲーターが焼死する事件もあった。主催者は安全なコースを模索してきたが、危険な地域や国は回避する以外に方法はないのだ。

一九九六年は、カミオン部門のクラス分けが変更され、一万cc未満のクラス1と、一万cc以上のクラス2という二クラスとなった。そして日野はクラス2に適合するターボインタークーラー付き七九六一cc直列六気筒の新型エンジンに更新して、再びワークスとしてパリダカに戻ってきた。

スタート地点はパリではなくスペインのグラナダで、やはり危険度が高いアルジェリアを通らずにモロッコへ渡り、モーリタニア、マリ、ギニアを経由してセネガルのダカールへ至る約七五〇〇キロメートルだった。

私のナビゲーターを務めてくれていた柴田がドライバーとなって二号車を走らせる二台体制として、一号車の私をサポートする役割にまわった。一九九四年からナビゲーターを二名体制にしたことに加えて、ワークス体制となったことでメカニックが六名となり、チームディレクター陣を含めると総勢十九名と大所帯となった。

レースはウニモグのブランド名でトラックを作っているメルセデスとの一騎打ちだった。前半戦から私は調子がよく、ウニモグを抑えてクラス1の首位をキープできていた。サポートの柴田もトラブルなく追従してくれ、後半戦に入るとクラス1の一位と二位をしっかりと維持しつつ、私は総合順位をひとつ上げることに成功した。

結果は新型エンジンを搭載した日野レンジャーがクラス1の一位と二位、いわゆるワンツーフィニッシュを決めることができた。そしてカミオン部門総合でも六位と十一位を収めた。もちろん狙いは総合優勝だったのだが、常勝チームであるカマズやタトラはやはり強敵だった。

とうとう面目躍如となったのが一九九七年、私にとって十四回目となったパリダカである。トラックを三台に増やし、チームスタッフは総勢二十三名だ。

私はすでにフランスにガレージを構えるようになっていた。二十四時間耐久レースで有名なル・マンから南へ約七キロメートルほどの場所だ。溶接機も揃え、トラックを万全に改造し、整備できる設備を整えた。ガレージというよりは工場である。

この工場を整えてからは、パリダカが終わるたびにトラックを日本へ送り返す必要がなくなり、経済的にも時間も手間も節約できるようになった。トラック一台を日本へ送ると、一〇〇～一五〇万円もかかるのだ。ところが工場の賃貸料は年間でそれとほぼ同額なのである。さらにそのための手続きや陸送も省けるから、フランス国内にトラックを保管でき、整備もできる工場を持つことの意義は大きかった。寝泊まりするための住宅も借りたおかげで、じっくりとフランスでトラックを作れるようになった。毎年、安定した成績で完走できるようになったのは工場と住宅の存在が大きい。

こうした環境整備ができたのは、日本レーシングマネージメントとしていろいろなノウハウを蓄積してきたからだ。すでにスポンサーを数十社確保できていたおかげで、日野がワークス活動を撤退してもプライベーターとしてパリダカ出場を継続できた。

工場と住宅は、私が使わない期間は日本のレース関係者に貸し出している。ヨーロッパでレース活動をしようとするならこれ以上便利な環境は他にないし、とくにル・マンでレースに参戦するなら最高の場所と環境だ。自分で言うのもなんだが、もしも私が日本から単独でヨーロッパにやってきてレースに出ようとするなら、私の工場と住宅を貸してもらって拠点とするはずだ。

ここを借りるまでには紆余曲折があった。十年余りの間、何度も拠点を変えて引っ越しをした。あるガレージではたびたび工具などが盗まれたし、そういったトラブルは絶えなかった。

しかし根気よく物件を探し続けた結果、今のところに落ち着いた。こうした拠点があるからこそ、きっちりとトラックを作ることができる。いいトラックを作ることは、ラリーを継続するための大前提なのだ。

私はラリーについてこう考えている。

「スタート地点に立った段階で、ラリーの九割は終わっている」

クルマを走らせることは、ラリーの最後の仕上げである。ラリーでもっとも大切なのは準備で、抜かりなく怠りなくスタートに立つために九割の力を注ぐのだ。クルマを完璧に作り上げ、チームの総合力を高める。それができていれば、スタートしてからゴールまでの本番は自ずとうまくいくものなのだ。

そして無事に完走してゴールに着いたとき、次のラリーがはじまるのだ。

パリダカのように一年に一度開催されるラリーはとくにそうだ。かつては三週間、近年は短くなったがそれでもパリダカは二週間続く。一年三六五日のうちの、わずか十四日間がクルマを走らせる時間で、残りの三五〇日はその準備のためにあるのだ。

一年という周期はパリダカを中心に回っている。ラリーはパリダカだけでなく、モンゴルにも行くし、四国や北海道のラリーにはバイクで出場している。それぞれがやはりスタートに立つまでの準備がほぼすべてであって、ゴールしたときに翌年のラリーがはじまる。

すべてのラリーが一年周期で繰り返されていて、それは休まることがない。

私にとって、ラリーとは人生そのものといえるのかもしれない。

そうして迎えた一九九七年のパリダカは、ひとつの頂点となった。前述したとおり、この年は日野のワークス体制の下で三台での出場となった。一号車は私、二号車はＪ・Ｐ・ライフ、三号車はＪ・プティがドライバーを務めた。一号車と二号車がレースカーで、三号車はアシスタントトラック、つまり予備のパーツや工具を積んで走るサポートカーだ。

しかしプティというドライバーはメカニックもこなせるマルチな人で、これまでも日野をはじめとしてパリダカでトラックを走らせてきたベテランなのだ。日野のスタッフたちも敬意を込めて彼のことを仕事人と呼ぶほど信頼も厚い。

レースは初日から車両トラブルが起きた。ラジエターシュラウドが脱落してしまって機能せず、水温が上昇してしまう。このトラブルが三台すべてに起きてしまい、メカニックは徹夜で修理にあたった。その甲斐あってレンジャーは無事にスタートできたばかりか、ライフは連日トップタイムを叩き出す好調ぶりをみせた。

同じチームとはいえ私も負けていられない。彼を追いかけて必死に走ったがなかなか追いつかない。そのうちライフはカミオン総合トップにまで躍り出た。そして終盤に入ると、二位を走っていたライバルのタトラがエンジントラブルでリタイヤ。ライフを追いかけていた私が二位という布陣になったのだ。

さらにすごいのがプティで、予備パーツなどで一トンもの重量物を積んでいるというのに私のすぐ後ろにずっとつけてきて三位をキープしていたのだ。

日野レンジャーによるワン・ツー・スリーだ。何としてもこのままゴールまで走りきりたい。三台に乗る八人のドライバーとナビゲーター、そしてメカニックたちの思いは、ただひとつだった。

この年はダカールを出発してアガデスという町で折り返し、再びダカールを目指すコースだった。私たちはペースを落とすことなく、なおかつエンジンを壊さないぎりぎりのところで走り続けた。そして私たちは見事にワン・ツー・スリーでフィニッシュを決めることができたのだ。

同一チームによる一位から三位までの独占はパリダカ史上初の快挙だ。しかも私たちが出場していたT4―1クラスでの表彰台独占にとどまらず、カミオン部門総合でも一位から三位までを独占したのである。この記録は長い間、破られなかった。

同時に、カミオン部門で日本のメーカーが優勝したのもこれが初の快挙だった。まさしく快挙、快挙、快挙の連続である！

さらにいうと、三菱パジェロを走らせた篠塚建次郎が総合優勝を果たした。日本のチームにとって、一九八七年は忘れられないパリダカなのだ。

しかし残念なこともあった。ＳＳがなく移動もない休息日に、日野のメカニックたちがトラックのパーツのうち、エンジン以外をすべて新品に交換することになったのだ。

しかし私はトランスミッションの疲労を知りたかったから、交換せずにそのままにしてくれと頼んだ。もちろんこれまでの酷使でパーツは摩耗しているだろうが、私には壊さずに走りきれる自信があった。そしてトランスミッションの消耗度合いを知っておかなければ、来年以降のトラック作りにノウハウを活かせない。ワークスは使い捨てでいいかもしれないが、基本的にプライベーターである私にとってはたとえ消耗したパーツであってもそれは命綱といって過言ではないのだ。

しかし日野にとってすれば、ワン・ツー・スリーという快挙が見えてきたところで、トランスミッションをそのまま使い続けることは〝賭け〟でしかない。新品へ交換した盤石の状態でゴールを目指したい。

結局、私の要望は受け入れられず、トランスミッションは新品へと交換された。今思い出しても悔しさが残る一件である。

そして一九九七年、ワン・ツー・スリーという偉業を残すことができた日野は、想定以上の目標達成に満足し、このままワークス活動を終える決定をした。有終の美というわけである。

私はまたプライベーターに戻った。おかげでトラックを自由に作れるようになった。私は日野が昨年作ったトラックのサスペンションを改良した。後輪も少し操舵して旋回性を高める機構なのだが、実戦ではあまり効果が感じられなかった。それよりも軽量化のほうが効果が高く、砂丘での走破性が上がる。

私にとっては、俊敏なトラックを作ることが大きなテーマだったから、日野のエンジニアの許可を得て、そのサスペンションをすべて取り外して一般的なものへ換えた。

私はこのデフの上方へ装着されていたパーツなどを取り外して、サスペンション同様にやはり軽量化を図った。

そうしてトラックを軽くした甲斐があり、前半戦は排気量で劣る他メーカーのトラックに先行されたが、順位をひとつずつ上げていき、前半戦を二位で折り返すことができた。

後半に入ってからトップの二〇〇〇〇ccのタトラを猛追し、いくつかのSSでトップを獲ることができたものの惜しくも追いつかず二位に終わった。とはいえ、カミオン部門総合二位なのだから、エンジンの排気量を考慮すれば満足のいく結果だった。しかもこの年のカミオン部門は四〇台が出場したうちゴールしたのはわずか八台、完走率が二割という過酷なラリーとなったのだから、喜びもひとしおだ。

もうひとつこの年からはじめたことがある。次男の照仁をメカニックとしてチームスタッフに参加させた。やがてドライバーになるわけだが、まずはラリーに慣れることも含め、トラックを知っておかなければならない。

ドライバーだからといって運転だけできればいいのいうものではない。トラックの車体やエンジンの構造を知ることはもちろんだが、それらを直せる知識と技術も持ち合わせていれば、砂漠の途中でトラブルが起きて止まったときに再スタートできる可能性が高まる。

メカニックとしての知識や経験があってこそ、トラブルの気配を感じたときにクルマをいたわりながら走り続けるための方法もわかる。さらにいえば、ラリーを完走するためにはチームワークも必要だし、なんといってもラリーの雰囲気に飲まれないことも大切だ。だからまずはメカニックとしてチームに加入し、パリダカに携わる方法でスタートしたのである。

そして翌年からの三年間はナビゲーターとしてトラックに乗った後、二〇〇二年のパリダカでアシスタントトラックのドライバーを務めた。この年はミスコースしてしまったせいで総合二十位にまで順位を大きく落としてしまったが、前半戦は四位で折り返すことができた。終盤でもうひとつ順位を上げることができて総合三位でゴールに辿り着いた。これによってクラス優勝としては五連覇も達成できた。私は一九九七年がクラス二位だったからだが五連覇なのだが、日野としては七連覇である。

そして私のパリダカ出場は二十回連続となった。「十年は続ける」と決めたパリダカだったが、十年目でトラックに乗るようになってからさらに十年が経ったわけだ。

バイクでは二度走ったが完走はできなかった。パジェロは七年間走らせて好成績を上げることもできたが、完走できないことが二度あった。

しかしトラックで走るようになってからの十年間は、一度もリタイヤしていない。十年連続完走である。それだけのことができたのにはいくつもの要因があるが、ひとことで言うなら「ずっと前向きにやり続けてきたこと」だろう。

一年目、スタートに立ったときに「十年やる」と思ったときからずっと、私は前を向きながらひとつでも上の順位でゴールするための方法を探ってきた。それはクルマを改良することでもあったし、フランス語や英語、ラリーのレギュレーションを理解することでもあった。土漠や砂丘の走り方を見つけることでもあったし、クルマをいかに壊さずに速く走らせるかの知恵を絞ることでもあった。

十年目にトラックに乗り、そのおもしろさに気づいてからもそれは変わらなかった。車体が大きくて重いトラックを走らせるのは、パジェロよりもむずかしかった。だからこそおもしろかったし、夢中になれた。夢中になれたことでずっと前を向いていられたし、上を目指すこともできた。

そうして二十年間、パリダカに出場してくると、私を見る周囲の目も付き合い方も変わってきた。初めの数年間は日本人だからとしばしば差別されたが、毎年出場していればフランス人だけでなくいろいろな国の人たちと顔馴染みになるし、実績が伴ってくるにつれて彼らも私を認めるようになった。

二〇〇七年、主催者であるＡＳＯから二十五回連続出場として表彰され、記念の楯をもらったときはそうした実感が湧いてきた。

私は六十六歳になっていたが、体力の衰えはそれほど感じていなかったし、自分の年齢もあまり意識してはこなかった。人生はラリーと違って明確なゴールが見えるわけではない。どこにゴールがあるのかはわからないが、それでも前を向き続け、ゴールと思える場所に着いたときにほんの少しでも満足できるようひたすらに、ひたむきに走り続けるだけだ。

私が出場してきたラリーはパリダカの他にもある。一九八四年から一九九〇年までの七年間はファラオラリーにパジェロで出場して、最後の年にはクラス優勝を果たすこともできた。ファラオラリーとチュニジアラリーは、一九八七年頃から日本レーシングマネージメントで日本事務局を起ち上げ、日本人の出場をサポートするようにもなった。エントリー方法はもちろん、競技ライセンスやビザをはじめとしてラリー出場に必要なものの準備、フランスの工場での車両製作やラリー中の荷物の運搬、メカニックの手配などを日本レーシングマネージメントでバックアップするのである。

同じようにパリダカ日本事務局も開始し、多くの日本人出場者をサポートしてきた。ラリーに出場するだけでなく、パリダカというすばらしいラリーをもっと多くのラリーストに経験してもらいたかったし、出場するためのハードルを少しでも低くすることで、日本人ラリーストが世界最高峰のラリーに出場できるようにしたかった。その思いと願いはかなり実現できたと思っている。

広告などの映像制作でクルマの製作やドライビングを担当する企業はいくつもあった

が、ドライバーとスポンサーをつなぐという業務をしてきた企業は、日本レーシングマネージメントの他にはなかった。海外ラリーの日本事務局も同じで、一度知人が事務局を担当したことがあったが、いつの間にかやめてしまっていた。

日本レーシングマネージメントにしても、「モータースポーツの底辺を広げて発展させたい」という出発点から、ぶれることなく真っ直ぐに前へ進んできた。

日本レーシングマネージメントは五十年。パリダカは三十六年だがラリーそのものはまだまだ続けていくつもりだ。どちらもそれだけ長い間続けてこられたのは、ただひたすら前を向いて進み続けたからだと思っている。

一九九八年からはラリーレイド・モンゴルに出場している。これは山田徹が主宰するSSERという団体が主催しているラリーレイドで、ユーラシア大陸の土漠や砂漠、荒野を走り抜ける競技だ。この年は主催者側の役員としてカミオンパレードを先導するドライバーとしてトヨタのランドクルーザー70を走らせた。翌年はスズキの軽自動車であるジムニーで選手として出場した。排気量が六六〇ccしかない非力なクルマだから走らせるのがむずかしい場面が多かったが、それでもきっちりと完走して総合二十四位、部門三位の成績で走り切ることができた。

二〇〇一年からは再びバイクにも乗るようになった。ＳＳＥＲが国内で開催しているツールド・ブルーアイランド（ＴＢＩ）というラリーに、ホンダのＸＲバハで出場した。ちょうど六十歳になる年のことで、この年のＴＢＩは五月と七月に二度開催された。

五月のときはまだ五十九歳だったが、久しぶりのバイクということもあって完走はしたものの、二百一台中の総合百四十四位だった。六十歳になった七月の大会では三十一台中の二十六位になれた。どちらも順位としては下から数えたほうが早いが、まずは完走できたことが収穫だったし、まだまだバイクも行けると自信をつけられた。

やはり自信がつくと結果が伴ってきて、ＴＢＩの成績は上がっていった。二〇〇二年は総合三十四位。二〇〇三年五月は総合十三位、七月は総合十五位。二〇〇四年五月は総合十八位、七月は総合五十六位だから、結果はまずまずといったところだ。

ＳＳＥＲはモンゴルラリーの他に北京―ウランバートルを走るラリーも開催した。共産圏である中国を走るラリーは実現がむずかしく、それだけにかなり大がかりになるし、めったに走れない。このラリーは二〇〇五年から二〇〇七年の三年間で開催され、これにもすべて出場した。

初めの二年間はヤマハのライノという四輪バギーで走った。このバギーはサイドバイサイドとも呼ばれ、クルマのように運転席と助手席が並ぶ二座席のクルマだ。エンジンはバイク用の七〇〇cc水冷単気筒だし、車体は軽自動車よりも全然軽く、五〇〇kgもない。このバギーはそもそも北米でよく売れているクルマで、鹿などの狩猟で使われている四輪駆動車だ。車体が大きなピックアップトラックでは狭い山道へ入っていけない。そこでトラックにこのバギーを載せて山の麓まで行き、そこからはバギーに乗り換えて山へ分け入っていくのだ。

パリダカで走らせているトラックに比べたら十分の一にも満たない小さなクルマだ。しかし小さくて軽いクルマを走らせるのは、トラックとはまったく違ったおもしろさがある。もちろんエンジンが小さくパワーも小さい。走らせるのには苦労がある。パワーではなくトラクションで走る要領だ。もっともコツそのものはトラックも同じで、いかに勢いを落とさずに坂道を登れるかである。クルマが前へ進もうとする慣性力を、どれだけ維持できるかが勝負の分かれ目だ。

考えてみると、これは私が幼少の頃に工場の前にある坂道を自転車で登ったときもそうだったし、バイクで富士山に登頂したときも同じだった。自転車のときは自分の脚力、富士山のときは三五〇ccという小さなエンジンの、頼りないけれどしっかりとしたパワーをどれだけロスさせず有効に使えるか。そのためのルートを見つけることやハンドルさばきは自転車もバイクもトラックも、そしてバギーでも要点は同じなのだ。

アクセルを踏むだけで砂丘を簡単に越えることができてもおもしろくない。小さな力の小さな一歩を重ねていくことで、前へ前へと進んでいく。その積み重ねと繰り返しで、さっきまで自分が立っていた場所が米粒のように小さくなるほど高いところへ登ったり、出発地点からはまるで見えない遥か遠くの土地まで進んでいく。まるで想像できなかったような景色が広がる世界へと旅していく。

それが最高におもしろいのだ。

パリダカやモンゴルラリーで土漠や砂漠を旅していると、国を越えるたびに人々の暮らしや文化が変わっていくことがおもしろいのだが、その他にも私の興味をひくものがある。

それは化石だ。

少年時代にも化石掘りに熱中したことがあったが、三つ子の魂百までとはよくいったもので、その手習いは今になっても薄れない。

たとえばモンゴルの土漠の休息地で、周囲をよく眺めてみるとけっこうな太さの樹木がずらっと倒れている。樹木といってもすでに化石になっていて、ぱっと見ただけでは河原のように石だらけの場所だから、他の人たちは誰もそれがかつて樹木だった物体とは思っていない。しかしその石をよく観察してみると、表面に樹皮のような模様が刻まれている。ひょっとすると太古の昔、ここは広大な森林で、隕石が墜落して樹木が一斉に倒れて燃え、長い年月の末に化石になったのかもしれない。

　また、モンゴルには〝恐竜の谷〟と呼ばれている場所がある。その名のとおり恐竜の化石がいくつも発掘されている谷なのだが、そこへ行くと大地の一面が亀の甲羅の化石で埋め尽くされている。どんな災害があったのかはわからないが、何億年も昔、ここは海の底か浜辺だったのか、とにかくものすごい数の亀が生息していて、何かが起きて一斉に死んだのだろう。とにかく足の踏み場がないほど、あたり一帯が亀の化石なのだ。ひとつくらい拾って帰りたいものだが、地面と同化してしまっているので掘り出せない。もっとも勝手に採掘することは禁じられているから、持って帰りたくてもそうはできない。

　サハラ砂漠でも似たような場所がたくさんある。キャンプ地などに落ちている石をハンマーで叩いたり、岩に叩きつけたりして割ると、中から貝の化石が出てくる。やはりここも数千年か数億年かはわからないが、大昔は海だったのだ。隕石が落ちてきたのか、近くの火山が噴火して溶岩が流れ出たのか、とにかく岩が溶け出すほどの高熱が発生して貝が一瞬で飲み込まれたのだろう。

そんなふうにして見つけた化石は、ラリーの最中はタオルなどに包み、帰国するときはヘルメットの中に入れて、割れないように注意して持ち帰ってきた。今も大切にコレクションしている。

砂漠では風が吹く方向がほぼ一定している。数少ない木々は同じ向きに傾いているし、よほど強い風が吹くのだろう、かなりの急角度で傾いている木もある。

そういう場所に落ちている石は、強く吹きつける砂に磨かれるため、どれもが丸く、そしてつるつるだ。いわば天然のサンドブラストである。

サハラ砂漠の砂粒は、日本の海辺の砂よりもずっと粒が細かい。クルマがタイヤを空回りさせると、まさしく煙のような幕ができる。そんな小さな砂粒が何百年、何千年という時間をかけて岩を砕き、石を磨く。だから石が丸く、つるつるになる。

エジプトの砂漠が白いのは、珊瑚礁の死骸が砕けてできたものだからといわれている。

人間が生きているわずかな時間では、岩も石もそう変化はしないし、大地が隆起して海の底が砂漠になることもない。しかし人間が何世代も命をつないでいく長大な時間をかけて、海は干上がって珊瑚が白い砂となり、岩を砕いて小さなたくさんの石にして、それらを少しずつ磨き上げていく。

スタート地点のパリからは、ゴールのダカールはもちろん見えないし、一万キロメートル以上も離れた遥か遠い土地だ。しかし一日ずつ進んでいけばゴールは確実に近づくし、ダカールの町も海も見えてくる。

人生も同じようなものだろう。今すぐ結果が出ないことばかりだから、つい目先の損得を考えて行動してしまう。もちろん今を生き抜いて明日につなげるためにはまずはそれありきだし、大切なことだ。しかし同時に今は見えないずっと先のことも見越して考え、準備をしておくことも同じくらいに重要なことなのだ。

エジプトの砂漠で化石を見つけると、そんなことにも思いを馳せてしまう。

パリダカにはそんな楽しみもあるのだ。

話がラリーの本筋から離れてしまっているが、もう少し道草を食ってみよう。

日本レーシングマネージメントを起ち上げたのが一九六九年のことだから、もう五十年以上になる。それ以来、私は実に多くの企業にスポンサーとなってもらってラリーに出場してきた。その経験から学んだことも多くあるが、ずっと心がけてきたのは先にも書いたとおり〝十倍返し〟である。スポンサー料として二百万円をいただいたら、二千万円分の広告効果を生み出すことをノルマとしてきた。

十倍返しの他にもうひとつ、必ず実行していることがある。それは報告書をきっちりと提出することだ。ラリー期間中、何月何日にどこからどこまで何キロメートルを走り、これだけのパーツや消耗品を使い、順位はいくつ上がったとか下がったとか、とにかくすべてを記録した報告書を作るのだ。もちろん現場ではすべてを記録し、ラリーが終わって帰国した後でそれらをまとめて整理する。

この作業はスポンサーのためだけではなく、自分のためでもある。すべてを記録し、それらを整理してまとめることで課題がくっきりと浮かび上がってくるからだ。

ラリーのレポートが完成したら、テレビ、新聞、雑誌、今ならインターネットも含めたメディア露出もすべてリストにする。そのうえで広告料として換算した、十倍返しの金額を算出しておく。

パーツやオイルなどを提供してくれたメーカー、技術面で協力してくれた企業には、それぞれに経過と結果を個別に添付する。

その報告書を携えて、スポンサーになってくれたすべての企業にお礼をするため、一軒一軒訪問する。数軒のスポンサーからはじまって今では一〇〇社以上になっているから、各スポンサーを回るだけでも二カ月くらいかかってしまう。パリダカは一月中旬に終わる。できるだけ早くスポンサーを訪問してお礼を言いたいのだが、それだけの数になると、私としても心苦しいところなのだが、最後の企業を訪問するのは二月や三月になってしまう。

それでも最近は「わざわざ訪問してくれなくてもいいですよ」と言ってくださる企業も増えてきて、報告書を送るだけで済むところもあるからずいぶんと早く終わるようになった。

企業訪問のお礼参りは、三十分で終わるところもあれば二、三時間になるところもある。社長と話をすることもあれば、宣伝の担当者に報告することもある。

宣伝や広報の担当者にとってみれば、報告書がなければスポンサー料に充てた経費の説明ができないし、メディア露出のリストがあるからこそ上司にも報告しやすくなる。十倍返しと報告書。このふたつを頑なに守り、実行してきたからこそ、今日これだけ多くの企業がスポンサーとして私のラリー活動を支えてくれているのだと自負している。

クルマでもバイクでも、とくに海外のレースに出場したいと思っていても、金銭が足りないことを理由に、その夢を誰にも話さず内に秘めていたり、あるいは諦めてしまう人も多いと思う。そういう人の中には「まずは仕事をがんばってお金を貯めてから」と考えている人もいるだろう。

しかし私に言わせれば逆なのだ。

「パリダカに出たい」と宣言することで、出場のための資金作りがはじまるのである。「金がないから」とか「金ができてから」というのは、行かないための理由づけにすぎない。「やる」「出る」「行く」と周囲の人たちに話し、夢を語ることで、人も金もついてくるのである。

夢や目標に共感してくれる人は必ずいる。今はそばにいないかもしれないし、見えるところにはいないかもしれない。しかし夢や目標を誰にも話さず隠していては、そういう人たちに届くこともない。「俺はパリダカへ行くんだ」と言わなければ誰も気づかない。

だから「やる」と宣言することが大切だし、言わなければはじまらない。夢を語ることがスタート地点になるのだ。

また、そうすることで自分にも発破がかかる。大きなことを言った手前、何が何でも実現しようと努力するようになる。自分自身を追い込むのだ。

するとその姿が共感を呼んで、好循環に入れる。アクセルを踏むのはあくまで自分自身だが、まわりの人たちがガソリンや空気となってエンジンを動かしてくれるようになる。アクセルを踏めば踏むほどクどんどんと回転が上がっていって大きなパワーを生み出し、クルマのスピードが速くなるのと似ている。

まずは夢を語ること。それはクルマを走らせようとするならイグニッションにキーを差し込んで回し、エンジンをかけることと同じなのである。

私の場合はそれがレースであり海外ラリーだったが、もちろんこの話は海外ラリーに限らない。会社を辞めて独立することだったり、新車を買ったり家を建てることだったり、もっと身近なこと、たとえば体力作りのためのトレーニング、はたまた禁煙でも同じだ。やりたいこと、挑戦したいことがあるなら、まずそのことを周囲に話す。「私はやるんだ」という思いを伝えれば、応援してくれる人は必ず現れる。そして一丸となって目標へ向かってくれるのである。

「レースは一人ではできない」という言葉は、レースをやったことのある人なら肌身で知っている。たとえどれほどすばらしい勝利であってもドライバーの技量だけでは達成できない。クルマを作り、整備するエンジニアやメカニックはもちろん、チームのマネージャーやヘルパー、そして協賛してくれるスポンサー、応援してくれるファン。多くの人が関わり、知恵を絞って身体を動かし、一所懸命に努力したからこその勝利なのである。

そしてこれもやはりレースに限った話ではない。

「人は一人で生まれ、一人で死んでいく」という慣用句がある。たしかに一面では真理なのだろうが、生きているこの瞬間の人間は一人では何もできない無力な存在だ。何事であれ、まわりの人々の支えなくしては生きられないし、やりたいことも実現できない。

それからもうひとつ、「もう新しいことをはじめるには歳をとりすぎた」というのも、挑戦しないことの正当化だ。

私がパリダカに初めて出場したのは四十二歳のときだし、トラックを初めてトラックを走らせたのは五十一歳のときである。「思い立ったが吉日」というように、やりたいと思ったそのタイミングがチャンスなのだ。もしも「もう若くないから」という理由でやりたいことを諦めてしまうと、それから先はもっともっと歳をとるだけで若返ることはない。時間は逆戻りしないのだから当たり前の話だ。

だからこそ「やりたい」と思ったら年齢のことなど考えず、実現するための方法を探ったほうがいい。むしろ年齢のことなんて日頃から意識することはないのだ。

もしも体力に不安があるのなら、トレーニングして鍛えればいい。たしかに十代や二十代のような体力に戻すことは無理だし、鍛えたところで相応の体力しか得られない。だからといって何もしないよりはトレーニングをしたほうがいい。やらなければいつまで経ってもゼロだが、たとえ一でも二でも体力がつけば、それは精神力を支える力にもなる。

私が体力トレーニングをするようになったのは六十歳になってからだった。それまではパリダカやファラオ、チュニジア、モンゴルといったラリーでクルマを走らせていたし、その準備のために一年中身体を動かしていたから、あえてトレーニングをする必要がなかった。

しかし六十歳を超えたあたりから、とくにＴＢＩやツール・ド・ニッポンなどで年三回、バイクを走らせるのがきつくなってきた。そこで体操教室に通って身体を鍛えるようにした。

そうはいっても、若い人たちに混ざってバイクを走らせていると自分の年齢など忘れてしまう。同年代の人たちとばかり付き合うのではなく、若い人たちと日頃から接っしていることも、体力づくりの一環といえるのかもしれない。

# 5章　これからの夢

パリダカ主催者から二十五回という最多連続出場で表彰された翌年、二〇〇九年にはそれを二十六回に伸ばした。それと同時に、パリダカ最多連続完走記録がギネスブックに追加認定された。

この頃から一年間に出場するラリーが四つになってきて、かなり多忙になってきた。二〇〇七年は五月がツールド・ブルー・アイランド（ヤマハ・セロー250）、七月が北海道4DAYS（BMW・R100GS）、北京—ウランバートル（スズキ・ジムニー）、十月がファラオラリー（ヤマハ・ライノ）と、五つのラリーに出場した。しかもトラック、バイク、クルマ、バギーとそれぞれまったく別の乗り物を走らせたのだから、我ながらよくやったものだと思うほどだ。

しかし本当なら一月はパリダカに出場するはずだったのである。なぜ出場しなかったのかというとこの年、パリダカは中止になってしまったのだ。ルートの一部になっていたモーリタニアの政情不安から治安が悪化したため、選手や関係者に危険が及ぶ事態が予想されたからだ。

もっともパリダカのルートは、これまでも治安がいいところだけを走ってきたわけではなかった。強盗集団やテロリストによる車両の盗難や破壊、脅迫といった被害はあったし、狙撃される事件もあった。そのためたびたびルート変更を余儀なくされてきた経緯がある。

それが開催三〇回目にして、とうとう開催不可能な事態になってしまったのだ。

そのため主催者は、二〇〇九年から開催地を北アフリカから南アメリカへと移すことを決定した。アルゼンチンの首都ブエノスアイレスを出発し、アンデス山脈、チリのアタカマ砂漠などを通過して再びブエノスアイレスへ戻ってくるルートだ。

私たちは日野チームスガワラとして出場した。私が一号車に乗り、二号車には二〇〇三年にファラオラリーに日野レンジャーを走らせて優勝するなどで経験を積み、二〇〇五年からパリダカを走るようになっていた照仁が乗った。

南米大陸をトラックで走るのは初めてだ。いや、トラックでなくとも、訪れるのも初めてだったから好奇心をくすぐられた。私はこれまで六〇カ国以上の国を訪れているが、南米大陸はまったく訪れたことがなかったからだ。

実際に行ってみると、ひとくちに砂漠や土漠といっても、南米の砂や土の質はアフリカとはまったく違う。場所によってはアフリカよりも過酷な路面状況もあり、フロントデフのトラブルのため私は初日から順位を大きく下げてしまった。

アフリカよりも厳しい状況なのは路面だけでない。まず一つは、南半球の一月は夏で、気温が高いことだ。日野レンジャーにはエアコンを搭載していてクーラーも装備しているのだが、気温が高い地帯に入るとほとんど効かなくなる。

ＳＳのほとんどは標高一五〇〇メートルから三二五〇メートルと高いところだったため、過酷な気温の中で競技することはほとんどなかったが、標高が低い地帯に入ると暑さはかなり厳しかった。

そしてもうひとつの過酷さが、その標高の高さである。

アンデス山脈という三〇〇〇メートルから四〇〇〇メートルに及ぶ高山地帯では、気圧が低くなるし酸素も薄くなる。体質によっては気圧が下がることで体調悪化を招くし、酸素濃度の低下はクルマの燃料調整をむずかしくするうえに、やはり体調悪化をもたらす。

私は富士山で経験していたが、酸素が薄い高山で平地と同じように体を動かすとすぐに息切れしてしまう。それだけならまだマシで、頭痛やめまい、吐き気を催す高山病を発症してしまうこともある。高山病は最悪の場合は死に至り、根本的な治療法は平地まで下ることだけという厄介な症状なのである。

高山病に罹るかどうかは体質によるところが大きい。私は現地へ行く前に、高山病に関するレクチャーを受けていたし、飲み薬なども携行したが、幸いなことに重度の高山病を発症するほどではなかった。

もちろん身体を激しく動かすとすぐに息切れして軽い酸欠状態になるが、身体を休めて深呼吸したり水を飲んだりすれば症状は緩和する。

ＳＳでの最高地点はおよそ三二五〇メートルほどだったが、リエゾンでは四〇〇〇メートルを越えるところも走った。アフリカの砂漠や土漠も草木がほとんどない枯れた世界だが、森林限界を越えた山地もやはり荒涼とした世界だ。しかし明確に違うのは空気が薄いからこその空の色で、雲のない晴れた日には藍色といってもいいようなほど空の青が濃くなる。宇宙が近い、と感じさせられる世界だ。

チリのある一帯では、四〇〇年も雨が降っていないという場所があった。きちんとした記録が残されているはずもないし、どうやって四〇〇年という年月を計算したのかはわからないが、空気も乾いているし地面には草一本生えていない。だから虫が一匹もいない。

アフリカを走っているとフロントガラスにぶつかってきた虫の死骸がびっちりと残るのだが、南米では夜間走っていても虫がぶつかってこない。フロントガラスはきれいなままだし、キャンプ地で清掃する手間もなかったからその点は楽だった。

しかしルートとしての魅力はアフリカのほうがすばらしかった。アフリカでは周囲数百キロメートルに人の気配がない砂漠や土漠を行くのだが、南米ではいきなり畑の中を走るルートだった。しかも大規模農場の道だから、果てしなく真っ直ぐで、九〇度に曲がり、またひたすら真っ直ぐ、というような単調な道だ。道路脇にはずっと柵が続く。しかも道幅が狭いから、トラックでは抜いたり抜かれたりで二台が並ぶと危険も高まる。

しかしアルゼンチンやチリはモータースポーツが愛されていて、そんなルートを走っていると沿道にクラシックカーを出して、そのかたわらのテーブルでビールを飲みながらラリーを観戦している人々の姿を見られる。

ラリー中の給油で立ち寄った小さな町のガソリンスタンドでは、前年に私と一緒に撮った写真を持ち出してきて「毎年菅原さんが来るのを楽しみにしてます。サインをしてください」と言ってくれる日系三世のおじいさんがいたりする。ありがたいことだし、嬉しい。そういう中で走れるのは素敵なことだった。

だがそれと引き換えに、人すら住めない過酷な環境の中を走り続ける冒険ラリーという要素が薄くなった。何かトラブルがあっても、すぐに助けを求められるし、誰かしら来てくれる。それは安心感でもあるのだが、相対的に緊張感がなくなったのも事実だ。

初めての南米開催となったパリダカ……いや、もうすでにヨーロッパがスタート地点ではなくなったのだから名称も改めなければならないだろう。しかし南米開催となって一〇年が経った今、パリの名こそなくなったが、ダカールの名はそのまま残した「ダカールラリー」という名称で継続して開催されている。だから、この本でもここからはパリダカではなく、ダカールラリーと呼ぶことにしよう。

私にとって未知の舞台となる南米開催となったダカールラリーの初年は、苦労はあったものの無事に完走することができ、私はトラック部門総合二十六位となった。二〇〇八年は大会中止となったが、やむを得ない事情だったため連続完走記録は途切れることなく、二〇に伸ばすことができた。

二号車を走らせた照仁は、アフリカ最後の開催となった二〇〇七年に続いて、私よりも上の順位となる総合十四位で完走した。

ダカールラリーになって二年目、二〇一〇年は悔しさと嬉しさが混ざり合った年だった。私は排気系にトラブルが起きてリタイヤとなってしまった。トラックに乗るようになってからは初めてのリタイヤで、南米大陸を走ることのむずかしさに加えて、身体能力の衰えも感じずにはいられなかった。

しかし照仁は順調に走り続けて完走し、トラック部門総合七位、排気量一〇リットル未満クラス優勝というすばらしい成績を収めることができたのだ。

翌、二〇一一年も照仁は市販車クラスと排気量一〇リットル未満クラスで優勝、トラック部門総合でも九位の成績で完走して三連勝を決めた。

チームとしては私が一号車、照仁が二号車としていたが、私は何かあったときには二号車のサポートに回る心づもりでいた。

前年はリタイヤに終わったこともあったし、六十八歳になった私は体力の衰えも感じていた。全身の筋肉も落ちていたし、動体視力や反射神経も若い頃のように俊敏ではなくなっている。目も耳も弱くなるし、体力的にプラスの面は何もない。経験値はプラスされていくが、弱くなった部分を補うのは「なんとかしよう」という意欲だろう。国内ラリーにバイクで出場し続けてもいるものの、それだけでは筋力を維持できなくなっていた。

そのため週に一度、体操教室に通って身体を動かして筋肉を鍛えつつ、トレーナーに依頼して体調管理もしてもらっている。これもラリー出場を継続したいという目標があるからこそできるのであって、体力維持だけを目標にしていたらそう続くものではないかもしれない。

そうはいっても七〇歳になってもダカールラリーだけでなく国内外のラリーに年間四、

五回も出られるのだから、人間もたいがい頑丈な生き物だが、トラックという乗り物もやはり丈夫だ。二〇〇七年に新しいクルマにしてから一〇年間、同じトラックでダカールラリーを走っている。もちろんそのまま使い続けているわけではなく、フレームは毎年修理したり改良したりしているし、エンジンも入れ替えているから、数年経てば大部分の部品が新しくなっている。

エンジンは日野が製作してくれるが、フレームは日本レージングマネージメントで製作している。刃物で使うような硬度が高い鋼材を使うのだが、鋼材を締結するために四〇〇カ所以上も穴を開けないとならないから大変な作業になる。

ちなみに溶接してしまうと、しなりがなくなってしまうため、フレームが耐えきれなくなって鋼材がひび割れてしまう。剛性は必要だが、柔軟性も重要なのだ。

私のところは町工場のような規模だし少人数だったが、設備は整っていたし、手間も時間もかけて丁寧に作業していたから精度がきっちりと出ていた。精度の高さについては日野も認めていたから、フレーム製作に関してはいっさいを任されていた。

日野では通常、フレームは黒色に塗装するのだが、私のところでは白色に塗装している。もちろん理由はある。激しい衝撃が連続する走行でフレームにひびが入ってしまった場合、黒い筋となって現れるためすぐ発見できるからだ。

そうして毎年アップデートしてフレームを強化してきた。

そうした作業はアフリカ時代からずっとやってきたし、電気系のエンジニアリングに強い照仁は、電装系の設計もしている。エンジニアリングやメカニカルな知識と技術を持っているからこそ、ＳＳの途中で起きた故障にも対応でき、その日のゴールまで辿り着ける。たとえ応急処置であっても、キャンプ地に到着することができれば交換用のパーツもある。し、メカニックもいる。しっかりと修理して翌日も最終ゴールを目指して走行を続けられる。

自分ではまだまだ現役と思っていても、七十歳になろうかという男なのだから、やはり身体能力は落ちている。また、後進のことも考えなくてはならない。私が三十年のパリダカで身につけ、実践してきたことを次の世代に伝えなくては、私がパリダカをやめたり死んだりしたらすべてが無になってしまう。

そうはいっても、日野自動車の販売店から募集して選抜したメカニックたち、日野自動車のエンジニアたち、チーム運営に携わってくれているすべてのスタッフたちには、私がやってきたことが大きく影響して、かたちになりつつある。日野自動車の販売店の役員はこれまで大卒の営業職が多かったが、高校や専門学校卒業で叩き上げの整備士がなるケースも出ている。彼らは皆、パリダカという大きな舞台で私と一緒に過酷で困難なラリーに挑戦し、成功を収めてきた人たちだ。共に戦った人たちが日本に戻って仕事で結果を出し、出世してきたことは私にとっても嬉しく、ぶれることなく真っ直ぐにラリーを走り続けてきた甲斐を感じられた。

これからの時代、クルマの販売店は営業と整備、どちらもできる人材が重宝されると考えている。もっと正確にいうと、会話上手な整備士が求められるようになるはずだ。客が持ち込んだ車両の状態と修理方法を丁寧に、かつ的確に説明できる能力が必要なのだ。客の立場を考えつつ、アドバイスできること。たとえば、クルマのネジを締めながら「修理することもできますけど、維持費がどんどん高くなりますから、今が買い替え時です」というようなことをアドバイスできる整備士だ。

現代は若者のクルマ離れなどのせいで、全国的に整備士が不足している。私は北海道にある専門学校の非常勤講師をしていた。就いた当初は定員一〇〇名だった学生が、二〇一九年はたったの八人しか入ってこなかった。少子高齢化によって若い人たちがそもそも少ないうえ、きつい仕事といわれてきた整備士を希望する人が増えるはずもない。整備士を希望する若者を増やすには、職場環境や待遇の改善なども同時に必要となってくるだろう。

そして日本レーシングマネージメントのスタッフ、今や日野を代表するドライバーになった照仁にも私がパリダカで培ってきたものはしっかりと伝わり、かたちになっている。

ここで照仁のことも少し話しておこう。

物心ついたときから父親がモータースポーツにどっぷりと熱中していたせいか、照仁もクルマやモータースポーツが好きな少年に育った。クルマの免許を取ってからは当時私が所有していたクラウンに妹を乗せて東京湾のあたりの走り屋が集まるところへ出かけていたようだし、あるとき帰宅したクラウンのタイヤを見るとかなり磨り減っていたから「公道で、しかも普通の乗用車でそういう走り方をするのはダメだ」と注意したこともあった。

それからは富士スピードウェイのダートコースで開催されているバギーのレースに出たり、ラリーレイドモンゴルにも自作バギーで出場したりしていた。学生の頃は運送屋でアルバイトをしてトラックを走らせたりもしていたから、いずれトラックに乗ってパリダカを走りたいのだろうと思っていた。

息子が私と同じ道を歩むことは嬉しかったし、悪くないことだと思っていた。同時に、モータースポーツという競技に進むのは「やばいかな」という思いもあった。

モータースポーツは一歩間違えると命を落としてしまう競技だ。私もずっとそのことを心の片隅に置いて今もラリーを続けているし、だからこそ細心の注意を払って安全に気を配り、万が一の事態に陥らないためにラリーの準備をしてきた。

とくにパリダカでは競技中の事故だけでなく、テロリストに狙われる危険もある。そういう世界に息子を引き込んでいいのか、という自問自答はずっとあった。

もしも照仁がそういう事態に見舞われたとき、親戚や知人からは「どうして危ない競技と知っていて出場を許したのか。止めていればこんなことにはならなかったはずだ」と責められるだろう。私が薦めたり強要したわけではなく、本人の自由意志でモータースポーツをしていたのであっても、周囲はそう受け取らないし、理解できないかもしれない。

だから照仁がモータースポーツの世界に入ってきたときは、そんなことを考えながら見守っていたが、実績が伴うにつれてそれが杞憂にすぎなかったことがわかってきた。

ラリーに限らず、自動車レースをするのは何よりそれが好きだからだ。速く走りたい、もっと完璧に走りたいという思いがあり、それを実現したいからだ。

草レースならひとりで完結できるから、何を優先してもいい。たくさん優勝して名前を上げたいなら、それを一番にしてレースをしていい。

しかしレースが大きくなってきて、メカニックがついたりスポンサーがついたりするとそうはいかなくなる。一人ではレースを走れなくなる。ドライバーはチームの看板になると同時に、チームという看板を背負うようになる。

照仁は自己顕示欲を追求したり実績を残すことを優先せず、日野自動車という大きな看板を背負って走れる分別も持ち合わせていた。だから私は、ラリーレイドの世界へ入ってきた照仁を安心して見ていられたし、トラック部門のクラス優勝を重ねていく彼にチームを任せられるようになっていった。

ダカールラリーを報じるメディアは「南米に移ってからのダカールラリーは競技性が強くなった」と言うし、そう感じているファンも多いだろう。実際にアフリカ時代から出場してきた私を含め、多くの出場者たちもそう感じている。

かつてのパリダカは、人間が立ち入らない過酷な土地の道なき道を往く国際ラリーだった。原則的にパリからダカールといったように、国を越えて違う町を目指すラリーだから、道を間違えたりしない限りは同じ道を走らないし、一度立ち去った町には戻らない。

しかし南米では違う。周回するようなルートを取ることもあるし、同じ町へ戻ってくることも多いから、まるでサーキットレースのような趣きがある。

かつてのパリダカももちろんモータースポーツだったが、モータリゼーション黎明期のように「クルマだからこそできる旅をする」「誰も見たことのないような場所を走る」「国を越えることで異なる文化の人々が暮らす世界を走っていく」という、冒険ムードが色濃くあった。

いっぽうでそれは強盗やテロリストに襲われる危険を孕んでいたのも事実で、それを回避して安全なラリーを開催するために南米大陸へと移したのだから、当然の話である。

アフリカ時代には一度しか出場していない照仁にとってみれば、昔のパリダカは競技性が低かったから、上の順位を目指すことは今よりも簡単だったと感じているようだ。

しかし私に言わせれば、それは違う。アフリカ時代のパリダカはたしかに冒険要素が色濃かったが、決して競技性が低かったわけではない。モータースポーツとしてのむずかしさはそれこそ世界一過酷なもので、一つでも上の順位で完走することは相当むずかしく、順位争いは熾烈だったのだ。

そのうえで強盗やテロリストといった外的要素による危険が、ラリーという競技をさらにむずかしくしていたのである。

もちろんそれらの危険がなくなったことで、ダカールラリーにおけるモータースポーツの純度は高まった。それによって競技性が強くなったのは事実である。

早い話、時代が変わったのだ。三十年以上もやっているのだから当然のことである。

クルマの性能も遥かによくなった。十回、十五回とパリダカに出場していたときは、顔馴染みのエントラントや運営スタッフがどんどんと増えていったが、三十回を越えると逆に知らない顔ばかりになってきた。昔からやってる人はどんどんと減って、新しい人たちがダカールラリーを走るようになったからだ。

パリダカが南米に移ったこと。自分の年齢。そして私がパリダカでやってきたことを次の世代へと継承すること。もちろん南米開催となってからいくつかの不満はあったものの、それでもダカールラリーはおもしろかったし、だからこそずっと続けてきた。ラリーという競技は何度やっても、どこまで走っても、超えていかなければならない坂道はいくつも出てきた。ひとつを超えても、すぐ目の前に次の坂道が現れる。クルマの課題。チームの課題。そして自分自身の課題。一つずつ解決していくたびに新しい課題が出てくる。それはまったくキリがなく、だからこそ飽きることもなくておもしろい。挑戦してやろう、必ず成功させよう。そういう思いが新たにわいてくるのだ。

ペルーでは日野のトラックが人々の暮らしを支えるクルマになっていて、国内で見かけるトラックはほとんど日野レンジャーというくらいに売れている。もともと日野の営業戦略が功を奏していたこともあったが、ダカールラリーでの日野の活躍がそれに拍車をかけたのだ。

ペルーだけでなく周辺諸国のチリやコロンビアでも同様だ。そしてさらにアルゼンチンにも日野自動車の販売店を新しく作ることになった。今や南米諸国において日野はトラックのシェアナンバーワンになった。

アフリカ時代には、そういう実感はほとんどなかった。パリダカでいくら日野がいい成績でゴールしても、現地で日野レンジャーが売れる状況にはならない。ラリーはあくまでラリーであって、開催国の人たちの生活とは切り離されていた。

しかし南米時代のダカールラリーは、開催国の人々と密接している感覚がある。これは毎年、南米に行くたびに強く感じられるようになっていった。日野自動車にとってもラリーに参戦することで業績が伸びるわけだから意義があったし、私にとっても喜ばしいことで、ダカールラリーに出場し続ける大きなモチベーションになった。

二〇一三年にはダカールラリー三〇回連続出場がギネスブックに認定され、世界記録となった。

三十年以上もパリダカに出場し続けてきた理由は、そんなふうにいくつもあるのだが、継続していくうえで意識してきた大切なことがある。考えようによっては贅沢な望みなのだが、結果だけでなく経過もいいものにしたいということだ。

いくら優勝できたとしても、チームが喧嘩ばかりだったとか、いがみ合ってばかりだったとかでは意味がない。一度だけ出場するチームならいざ知らず、毎年継続して出場しているのだから、遺恨が残ると翌年以降に悪い影響を残してしまう。

かつて、チームの部品をこっそりと盗んで自分のクルマにつけて完走した人がいた。完走したいという強い気持ちはわかるが、他人のものを盗んでまで成功させることは間違っているし、私はそのことが非常に残念だった。部品を盗んだり、レギュレーションを無視してまで完走し、結果を出すくらいならリタイヤするほうが潔いし、そうあるべきだ。

経過も結果もどちらも大切だ。しかし結果を重んじるあまりに経過を疎かにしてはならない。結果は狙うものではなく、ついてくるものだ。やれることをすべてやり、毎日を大切に走っていれば結果は自ずとついてくる。そう考えるようにした。

それで悔しい思いをしたこともある。わずか三分の差で負けてしまったときだ。三分くらいなら頑張って走れば取り返せる時間である。しかし結果を気にしない余りそこを見落としていた。三、四日間かければ一日当たり一分だからなんとかなるが、気づいたときには手遅れだった。失敗したと思ったし悔しかったが、それでも後悔はしていない。

そうした心持ちになれたのは、パリダカに出場しはじめて二十五年くらいが経ってからだった。それまでは他人よりも速く走ることにこだわっていたし、仏道の悟りがどんなものかはわからないが、ラリーにおけるこの心境は悟りなのではないかと思っている。

ユタ・クラインシュミットというドライバーがパジェロで総合優勝した二〇〇一年、運転中の彼女を捉えた映像を見ると、無の表情をしている。目の前に大きな岩があろうが後続車が迫ってこようが、表情を変えることなく冷静に対処しているのだ。クラインシュミットの顔はまるっきり悟りを開いたようで、落ち着いているのだ。

私もその頃は結果よりも経過を重視するようになり、ひとつの線を超えたと思えていたのだが、彼女の表情には凄みを感じたし、女性ながらに総合優勝を果たした実力を支えていたのはこれだったかと合点がいった。

経過といってもラリーで走っている最中だけではない。クルマ作りやスポンサー訪問もすべて経過だ。ラリーは準備にすべてがかかっているといって過言でない。準備を万端に整えておけば、ラリーが実際にはじまってクルマを走らせているときも落ち着いていられる。準備がどれだけできたかによって結果は大きく変わるわけだが、ラリーで走っている最中は、準備に対する答え合わせをしているようなものである。

二台のトラックにスポンサーの気持ちをいっぱいに詰め込んでゴールまで運ぶという重圧は、何年やり続けてきても変わることがないし、慣れることもない。責任は肩に重くのしかかってくる。

しかも十人や二十人のチームとなると、全員をまとめる役割も担わなければならない。その点では自費で参戦するほうが気楽だ。初めてのパリダカはホンダの協力こそあったが、バイクだったから一人だったし、完全なプライベーターでの出場だったから、足を骨折しても帰ってくることができた。

身軽な立場でラリーを楽しみたいという望みはずっとある。だからこそラリーレイドモンゴルやツールド・ブルー・アイランド、北海道4DAYSといった国内ラリーでは、スポンサーをつけないプライベーターとして出場してきた。

二〇一九年のダカールラリーは、とうとう国を越えないラリーになってしまった。ルートはペルーから外へ出ない、一国開催である。しかも走った道を折り返して同じ道を通ってくるようなルート設定で、なおのこと競技性が強く、冒険要素が弱いラリーだった。

しかしトラック部門には厳しいルートで、完走できたのは四十一台中の十四台、完走率は三十四パーセントだった。ステアリング系のトラブルを解消できず、私もリタイヤを喫してしまった。前年は砂丘でスタックしてしまってリタイヤだったから、二年連続でのリタイヤである。これはバイクで挑戦した一年目と二年目のとき以来で、トラックを走らせるようになってからは初めての事態だ。

だがいっぽうで照仁はトラック部門九位、排気量一〇リットル未満クラス優勝という成績で完走し、クラス優勝連続記録を伸ばして、一〇連覇を達成した。

結果よりも経過を大切にしてきたとはいえ、この結果は潮目が変わったことを如実に表していると思えた。

そして何よりも、ペルーというひとつの国の中だけで開催されたことが私にとっては残念だった。

私の気持ちは大きく動き、そして固まった。

ダカールラリーはこれで終わりにする。一九八三年からずっと、途切れることなく毎年出場してきて、二〇一九年で三十六回連続出場となった。思い残すことはない。やれるだけのことはやってきたし、それを次の世代へとバトンをつなぐこともできた。

そう決断させた理由はもうひとつある。

共にパリダカで数度の優勝経験のあるジャン＝ルイ・シュレッサーとルネ・メッジが主導となって、二〇〇九年から開催しているアフリカ・エコ・レースの存在だ。

私は最近までまったく知らなかったのだが、二〇〇九年はパリダカが南米に移った年である。パリダカがアフリカから去ると同時にはじまったラリーが、アフリカ・エコ・レースなのだ。

調べてみると、二〇一九年には篠塚建次郎がいすゞのD－MAXという四輪駆動のクルマで出場して完走している。さっそく篠塚に連絡して様子を聞いてみると、かつてのパリダカのようなルートを走るから往年のムードがあるし、砂丘が深いところが多いから軽いクルマのほうがいいというアドバイスもしてくれた。

俄然興味を引かれた私は、もっと詳しい話を知りたくなり、すぐにパリへ行ってシュレッサーに会った。久しぶりに面会したシュレッサーは快く私を迎え入れてくれた。

「スガワラが出場してくれるなら嬉しいし大歓迎だ。日野も連れてきてくれるのかい？」

「日野はダカールラリーがあるし、チーム体制も整っている。開催日程が同じだからむずかしいだろう。私はプライベーターで出場したい」

シュレッサーの話では、二〇二〇年のダカールラリーは南米大陸を離れ、中東のサウジアラビアで開催されるという。決して政情が安定しているとは言いがたい中東にある国だし、しかも他国をまたぐことのない一国開催とのことで、私はダカールラリーの行く末に一抹の不安を覚えた。

そしてシュレッサーと話をするうちに、私はアフリカ・エコ・レースの日本事務局を立ち上げることを決めた。このラリーが目指すのは開催国との共存と持続可能性を高めることで、エコといっても低燃費車や電動のクルマやバイクが走るレースというわけではない。参加費を安く抑えて出場の間口を広げ、さらに参加費の中から開催国で暮らす人々の生活を豊かにするために学校を建設したり、生活必需品を寄贈する費用を捻出することで、ラリーを通じて互いに満足できるイベントを続けていこうというわけだ。

標高の高いところにある南米の土漠や砂漠も魅力的ではあった。しかしやはりサハラ砂漠のおもしろさは、それとは違う。半径数百キロメートルに人の気配がない広大さ。まるで小麦粉のように粒子が細かく、アクセルを踏み込むと舞い上がる砂煙の美しさ。風が作り上げる砂丘や砂紋の雄大さ。休憩中にふと足元を見ると現れる化石群。どれもがサハラ砂漠の魅力であり、初めて砂漠に魅了されたサハラはやはり恋しい。

こうして私は十二年ぶりにサハラ砂漠へ帰ることにした。

トラックで走りたい気持ちは私にもあったが、シュレッサーにも話したように、ダカールラリーもアフリカ・エコ・レースも一月上旬に開催されるため、ダカールに参戦する日野のトラックは使えない。それに私は日野レンジャーのシートを若い世代に譲ったのだ。

いくつか候補の乗り物を検討した結果、私はヤマハのYXZ1000というサイドバイサイドに決めた。二〇一六年のラリーレイドモンゴルでナビゲーターの若林葉子と一緒に走らせた四輪バギーだ。このバギーは息子の義治が開発に携わったもので、モータースポーツにもうってつけということでレースやラリーにも使われるようになり、ヤマハも速度や耐久性を向上させる改良を施している。

二人乗りの四輪バギーだから車体も小さいし、軽い。トラックと比べたら圧倒的に小さく、まったく別の乗り物だ。トラックを走らせるのも楽しいが、サイドバイサイドを走らせるのもやはり楽しい。

私が初めてパリダカに出場したのは、ホンダXL400Rというバイクだったが、そのときと同じような高揚感と期待感があって、アフリカ・エコ・レースでサハラ砂漠を走れることにとてもわくわくしている。

一九六五年にコンバインドラリーでレースをはじめてからずっと、私は必要最低限の金でレースをすることを心がけてきた。レースという競技は、金をかければかけるほどクルマがよくなるし速くなる。しかしそこに際限はないのだ。あればあるだけ投資するようになるし、たしかにクルマはよくなるのだが、だからといって経過や結果が伴うとは限らない。もちろんその傾向はあるし、それを否定するつもりもない。しかし投資すればするほど、いろいろな要素が少しずつ犠牲になり、気がつけば何のためにレースをしているのかわからなくなることも多いのだ。

日野レンジャーでパリダカに出場していた三十六年のうち、ワークス体制で臨んだことも数回ある。しかしラリーを走るという本来の目的だけでなく、スポンサーの確保も膨大な数となるし、チーム運営や管理という仕事も増える。走ることだけに集中することがむずかしくなってくるのも事実だ。

無論、ワークスにはワークスのおもしろさや楽しさがある。開発元のエンジニアやメカニックの知識や技術はやはりプライベーターでは敵わない部分も多いし、勉強になることも多い。

だが、そこには大きな責任、そして周囲の期待も伴う。

プライベーターとして自費で出場すると、そこは自己責任になる。いいこともダメなことも自分次第だ。言い訳はできない。そのぶん身軽になるし、レースに没頭できる。

日本の元号は昭和、平成、そして令和と変わった。平成の終わりとともに私はパリダカから続いたダカールラリーからは引退し、令和のはじまりとともにアフリカ・エコ・レースに出場することにした。これはただの偶然ではあるが、私自身の活動の区切り、私のレース活動の原点へ戻る新しいスタートとしてもいいタイミングだ。


振り返ってみれば、工場の前の坂道を自転車で登ろうと思ったときからずっと、やったことがないことをやろうとしたり、見たことがない景色を見たいという一心でいろいろなことに挑んできた。すべてが成功したわけではなく、いくつかは達成できてないこともあるとはいっても、ほぼすべてはしつこく挑み続けることで達成してきた。

工場の前の坂道を自転車で登ることからはじまり、大学時代の自動車部の活動、社会人になってからエスロクやミニクーパーSで走ったサーキットレース、バイクで登った富士山、アクティで走破したカラチからリスボンの二万キロメートルの冒険旅行、バイク・クルマ・トラックで三十六年間走り続けたパリ―ダカールラリー、ファラオラリーやラリーレイドモンゴルなどの国際ラリー。いろいろなことに挑んできたが、一貫してきたのは一度失敗したからといって決してあきらめなかったことだ。失敗した理由を探り、それらを解消したうえで挑み続けてきたからこそ目標を達成することができた。

もしも私が一度の失敗であきらめる性格だったら、何ひとつ達成できなかっただろうし、そもそも次の挑戦へと続く道筋も見つからなかっただろう。自転車で坂道を登ることができたからこそ自転車趣味を続けられたし、それがバイクへと変わり、やがてクルマへとつながった。大学生になったときに自動車部へ入部することもなかっただろうし、ラリーという競技に出会うこともなかったかもしれない。そうなればレースもラリーもやらない人生をすごしていたのだろう。

困難なことに挑み、成功させることでやりたいことが次々と見つかっていった。日本レーシングマネージメントという会社を作らず、金融業をずっと続けていたら自動車業界をはじめとして私のレースやラリーの活動を支えてくれる人たちとの出会いもなかったはずだ。

そうした人たちとの縁が、私の挑戦を後押ししてくれたし、次の挑戦へとつなげてくれた。大学時代に自動車部で活動していたからこそ社会人になってからもレースを続けられたし、そこで知り合ったたくさんの人がいたからこそ、富士山登頂やカラチ―リスボンの旅、そしてパリダカへとつながった。

脇目を振らず一心に取り組んできたからすべてがつながっているのもそのとおりなのだが、私一人で取り組んできたわけではない。私の活動に共感を覚え、支援してくれた人たちがいたからこそ挑むことができたし、続けてくることができた。

私は運がよかったし、いい人たちとの縁に恵まれたと、つくづく感じている。レース活動は私という一人のわがままだ。しかしレースは一人ではできない。家族はもちろん、周囲の人たちの理解と協力が不可欠だし、そういう人たちとの縁が私のレース活動を継続させてくれた。

小さくて非力なクルマで大きくて速いクルマに食らいつき、隙あらば追い越すという姿勢は、エスロクやミニクーパーで船橋や富士を走っていた頃から、パリダカで日野レンジャーを走らせたときまでずっと変わらず貫いてきた。投資する金にも上限を設け、できるだけ少人数のチームで戦ってきた。

そんな私のこだわりを理解してくれ、共にレースをしてくれる人たちと巡り会えた。これまでのレースやラリーでたくさんの賞をもらったが、私のそばで支えてくれた人たちのおかげだし、その縁こそが私にとっての勲章である。感謝の気持ちでいっぱいだ。

三十六年という年月を経て、私はダカールラリーのゴールを迎えた。ゴールは新たなラリーのスタートであることはこれからも変わりない。二〇二〇年一月五日にモナコからスタートするアフリカ・エコ・レースの準備をしている今、私は十二年ぶりでサハラ砂漠を走れることにわくわくしているし、まだ見たことのない地球の美しさの中に立てること、現地の人々や出場者との新たな出会いや再会が楽しみでしかたがない。

応援してくれたり見守ってくれたりしているたくさんの人たちへの感謝、そして今なお満ち足りない私の好奇心を乗せて、私は走り続ける。ダカール、そしてその遥か彼方のゴールに向けてアクセルを踏む。

私のラリーは、まだまだ続くのだ。

菅原義正写真館

軽自動車免許を取得して乗り回していたスバル 360

サーキットでレースを行なっていた頃。ミニ・クーパーSやホンダ1300を駆っていた

トライアルにも挑戦。富士山登頂につながった

モンゴルラリーにも毎年出場している

パリダカに出場するときは、鯉のぼりを掲げたマシンがトレードマークとなった（写真提供／日野自動車）

ラリーは準備が何より大事という著者。
自ら手を動かして部品の加工を行う（写真提供／日野自動車）

2007年のパリダカで。10ℓ未満クラス2位に輝く
（写真提供／日野自動車）

息子の照仁氏（左）と著者。2009 年のダカールラリー中の一コマ
（写真提供／日野自動車）

アフリカエコレース用のマシン。この１台から新たな挑戦が始まる

1976年にホンダ・アクティで行なったカラチ―リスボンのルート
※現在では治安上の問題から走行できない地域が含まれている

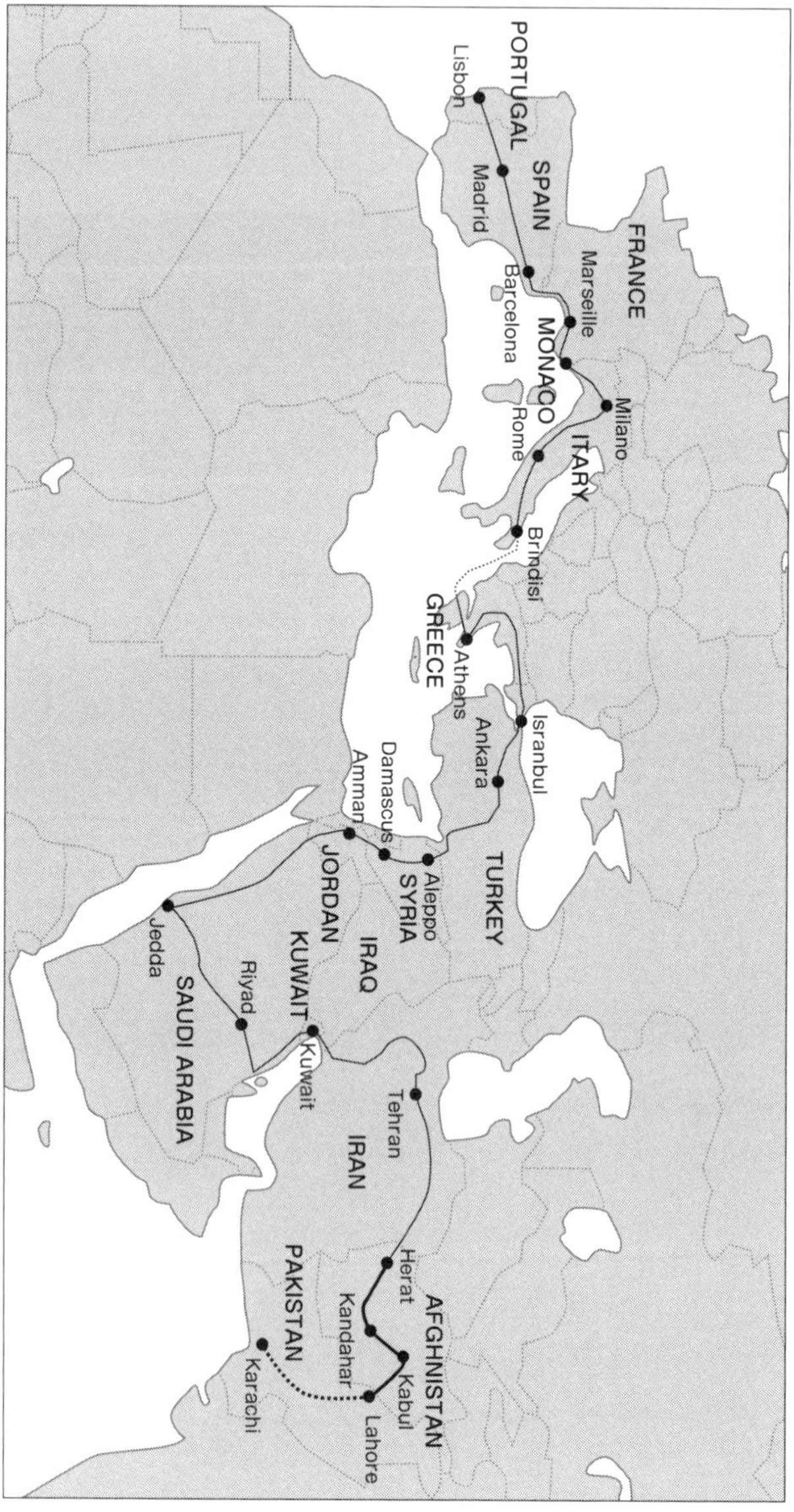

# あとがき

大学の自動車部で初めてモータースポーツに触れて以来、私の人生は常に二輪・四輪の競技と共にあった。正直言って若い頃、ここまで自動車競技を続けているとは思っていなかった。まだまだ老け込むことなく、今後はアフリカの大地で思う存分に走りたいと思っている。

普段乗るバイクや車も随分と多くの種類を乗り継いだ。トヨタ２０００ＧＴ、トヨタ・ソアラなど忘れられない車もたくさんある。今でもバイクに乗るし、レクサスのオープンカーで遠出をすることもある。私は一生、自動車を楽しんでいくつもりだ。

これまでに私を支えてくれた多くの人たちに感謝したい。家族をはじめ、拓殖大学自動車部の仲間、若い頃にサーキットで出会った仲間、スポンサーの皆さん、日野自動車の方々、チーム・スガワラのメンバー、日本レーシングマネジメントのスタッフたち。ここまで来れたのも、ひとえに多くの方の協力があったからである。

２０１９年11月　菅原義正

78歳ラリードライバー
ギネス・ホルダー 菅原義正の挑戦

2019年12月9日 初版発行

著者 菅原義正
編集 新紀元社編集部／内山慎太郎
発行者 宮田一登志
発行所 株式会社新紀元社
〒101-0054
東京都千代田区神田錦町1-7 錦町一丁目ビル2階
TEL 03-3219-0921
FAX 03-3219-0922
http://www.shinkigensha.co.jp/
郵便振替 00110-4-27618

デザイン 松田晴夫（クリエイティブ・コンセプト）
印刷・製本 中央精版印刷株式会社

ISBN978-4-7753-1792-1
定価はカバーに表示してあります。
Printed in Japan